本書係「敦煌文獻系統性保護整理出版工程」項目成果

二〇二一—二〇三五年國家古籍工作規劃重點出版項目

「十四五」國家重點出版物出版規劃項目

國家古籍整理出版專項經費資助項目

中國國家圖書館藏敦煌文獻

中國國家圖書館 編

第四三冊

BD00629～BD00637

國家圖書館出版社

DUNHUANG MANUSCRIPTS IN
THE NATIONAL LIBRARY OF CHINA

043

BD00629 ~ BD00637

compiled by the

National Library of China

National Library of China Publishing House

凡例

一　本書刊布中國國家圖書館藏敦煌文獻，以館藏編號爲序編排。

二　館藏編號采用「BD+流水號」格式，如 BD00001, BD16579 等。背面在編號後加 v 表示。一個編號包含多件文獻者，編號後分別綴以字母 A, B, C 等。一件文獻含有多個内容者，以數字 -1, -2, -3 等標明順序。

三　圖版有縮印或放大處另加説明，尺寸超出本書幅面的以摺葉形式呈現。

四　卷軸裝、梵夾裝、經摺裝等裝幀形制的敦煌文獻，各附外觀圖像。

五　每件文獻依次呈現外觀、正面、背面等。背面僅刊布有文字、圖像或其他要素的圖版，而略去素紙部分，背面圖版同樣以從右到左順序編排。凡有外題者，遵從以上原則。

六　除個别特殊情況外，爲保證閲讀連貫、流暢，圖版儘量通欄呈現。

七　各葉上方附該件文獻全圖，以高亮形式顯示本葉大圖在全卷中的位置。部分長卷文獻全圖衹能分多段呈現時，在上段末以❮符標示下段接續。卷尾内容不足一葉時，文獻全圖使用該圖卷尾部分，亦以❮符標示。背面圖版文字與正面文字方向相反時，文獻全圖按原貌顯示，正文翻轉呈現，以便閲讀研究，用↻符標示。

八　文獻題名大體沿用中國國家圖書館此前所編多部敦煌文獻目録的考證，部分吸收學界最新研究成果略作調整和完善。文獻題名綜合參考原卷首題、尾題、外題確定，如原卷題名與該文獻正式名稱不同，則采用正式名稱；無題名者，或比定題名，或擬定新名。非漢文文獻在題名前標注語種。有分卷不同等其他情况者，括注於文獻名稱後。

九　本書著録使用通行繁體字，涉及原文中的人名、地名等，必要時保留原字形。

About this publication

1. The documents are presented in shelfmark order.
2. The shelfmarks are in the form BD plus a running number, eg. BD00001, BD16579, &c. If a given shelfmark contains multiple documents, these are distinguished by the letters A, B, C, &c. If a document has multiple contents, they are distinguished by the numbering 1, 2, 3, &c. The verso side of an item is indicated by the letter v.
3. If it has been necessary to reduce or enlarge the size of an illustration, the dimensions are indicated. If the size of an illustration exceeds the size of the book, a folding sheet is used.
4. If the document is a scroll, a folded sutra, or has a stitched binding, a picture of the whole object is provided to show its external appearance.
5. The cover, front, and back of each document are reproduced in sequence. The back of a document is only reproduced if it contains text, illustrations, or other markings, and it is oriented from right to left. If it is blank it is not reproduced.
6. Except in a few special cases, the lines of text are reproduced unbroken to make them coherent and easier to read.
7. An illustration of the complete document is reproduced at the top of each page, and the section where the main illustration appears is highlighted in order to indicate its position. If it has only been possible to reproduce a long scroll in sections, the direction symbol has been used to indicate where one illustration ends and the next one begins. If the end of the scroll occupies less than one page, the direction symbol is used to indicate its position in the illustration of the complete document. If the text on the back of the document has a different orientation from the text on the front, it is reproduced as it is, but is also rotated (indicated with the rotation symbol) so that it can be read easily.
8. The titles of the documents generally conform with those already established by the Library, but in some cases have been amended by drawing on the most recent scholarly research. The titles are derived firstly from the beginning of the text, then from the end of the text, and lastly from the cover. If the title of a document differs from its authoritative form, the authoritative form is used; and if a document has no title, one is either supplied by comparison with similar documents, or a new one is devised. If the document is not in Chinese, its language is indicated before the title. If the number of juan is different from that of the authoritative version, or if there are other irregularities, this is noted.
9. The documents in the book are in traditional Chinese characters. Where the title contains personal or place names, the original characters used for these names are retained.

(Translated by David Helliwell)

第四三册目録

凡例 一
About this publication 三
BD00629 妙法蓮華經卷二 二
BD00630 法王經 四六
BD00631 金有陀羅尼經 八四
BD00632 金剛般若波羅蜜經 九二
BD00633 佛名經（二十卷本）卷五 一一〇
BD00634 維摩詰所説經（异卷）卷上 一五〇
BD00635 大般若波羅蜜多經卷四九四 一七八
BD00635v 勘記 一九五

BD00636 維摩詰所説經卷中 一九八
BD00636v 維摩詰所説經卷中外題 二四〇
BD00637 妙法蓮華經卷二 二四二

BD00629 妙法蓮華經卷二

（後秦）鳩摩羅什 譯

991.9cm×24.7cm

餝安隱豐樂天人熾盛瑠璃為地有八交道
黃金為繩以界其側其傍各有七寶行樹常
有華菓華光如來亦以三乘教化衆生
舍利弗彼佛出時雖非惡世以本願故說三
乘法其劫名大寶莊嚴何故名曰大寶莊嚴
其國中以菩薩為大寶故彼諸菩薩无量无
邊不可思議筭[illegible]所不能及非佛智力
无能知者若欲行[illegible]足此諸菩薩非
初發意皆久殖德本於无量百千万億佛所
淨脩梵行恒為諸佛之所稱嘆常脩佛慧具
大神通善知一切諸法之門質直无僞志念
堅固如是菩薩充滿其國舍利弗華光佛壽

阿耨多羅三藐三菩提記告諸比丘是堅滿
菩薩次當作佛号曰華足安行多陁阿伽度
阿羅呵三藐三佛陁其佛國土亦復如是舍利
弗是華光佛滅度之後正法住世三十二小
劫像法住世亦三十二小劫尒時世尊欲重
宣此義而說偈言
舍利弗來世　成佛普智尊　号名曰華光　當度无量衆
供養无數佛　具足菩薩行　十力等功德　證於无上道
過无量劫已　劫名大寶嚴　世界名離垢　清淨无瑕穢
以瑠璃為地　金繩界其道　七寶雜色樹　常有華菓實
彼國諸菩薩　志念常堅固　神通波羅蜜　皆已悉具足
於无數佛所　善學菩薩道　如是等大士　華光佛所化
佛為王子時　棄國捨世榮　於最末後身　出家成佛道

佛為王子時　棄國捨世榮　於最末後身　出家成佛道
華光佛住世　壽十二小劫　其國人民衆　壽命八小劫
佛滅度之後　正法住於世　三十二小劫　廣度諸衆生
正法滅盡已　像法三十二　舍利廣流布　天人普供養
華光佛所為　其事皆如是　其兩足聖尊　最勝无倫匹
彼即是汝身　宜應自欣慶
尒時四部衆比丘比丘尼優婆塞優婆夷天
龍夜叉乾闥婆阿脩羅迦樓羅緊那羅摩睺
羅伽等大衆見舍利弗於佛前受阿耨多羅
三藐三菩提記心大歡喜踊躍无量各各脫
身所著上衣以供養佛釋提桓因梵天王等
與无數天子亦以天妙衣天曼陁羅華摩訶
曼陁羅華等供養於佛所散天衣住虛空中

時俱作雨衆天華而作是言佛昔於波羅柰
初轉法輪今乃復轉无上最大法輪尒時諸
天子欲重宣此義而說偈言
昔於波羅柰　轉四諦法輪　分別說諸法　五衆之生滅
今復轉最妙　无上大法輪　是法甚深奧　少有能信者
我等從昔來　數聞世尊說　未曾聞如是　深妙之上法
世尊說是法　我等皆隨喜　大智舍利弗　今得受尊記
我等亦如是　必當得作佛　於一切世間　最尊无有上
佛道叵思議　方便隨宜說　我所有福業　今世若過世
及見佛功德　盡迴向佛道
尒時舍利弗白佛言世尊我今无復疑悔親
於佛前得受阿耨多羅三藐三菩提記是諸
千二百心自在者昔住學地佛常教化言我
法能離生老病死究竟涅槃是學无學人亦
各自以離我見及有无見等謂得涅槃而今

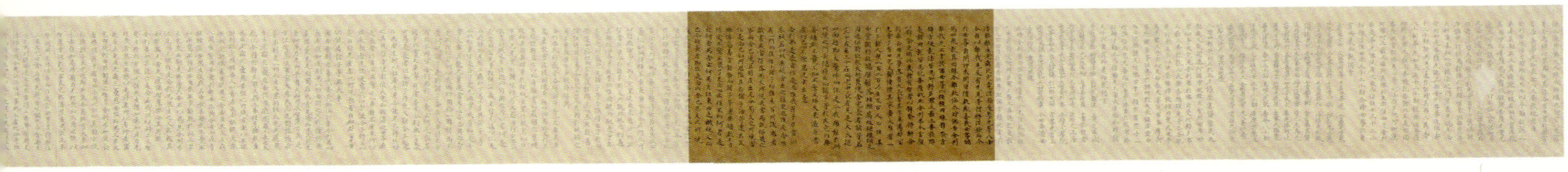

法能離生老病死究竟涅槃是學无學人亦
各自以離我見及有无見等謂得涅槃而今
於世尊前聞所未聞皆墮疑惑善哉世尊願
為四衆說其因緣令離疑悔尒時佛告舍利
弗我先不言諸佛世尊以種種因緣譬喻言
辞方便說法皆為阿耨多羅三藐三菩提耶
是諸所說皆為化菩薩故然舍利弗今當復
以譬喻更明此義諸有智者以譬喻得解舍
利弗若國邑聚落有大長者其年衰邁財富
无量多有田宅及諸僮僕其家廣大唯有一
門多諸人衆一百二百乃至五百人止住其
中堂閣朽故墻壁頹落柱根腐敗梁棟傾危
周匝俱時欻然火起焚燒舍宅長者諸子若

所燒之門安隱得出而諸子等於火宅內樂
著嬉戲不覺不知不驚不怖火來逼身苦
痛切己心不猒患无求出意
舍利弗是長者作是思惟我身手力當以
衣裓若以机案從舍出之復更思惟是舍唯
有一門而復狹小諸子幼稚未有所識戀著
戲處或當墮落為火所燒我當為說怖畏之
事此舍已燒宜時疾出无令為火之所燒害
作是念已如所思惟具告諸子汝等速出父
雖憐愍善言誘喻而諸子等樂著嬉戲不肯
信受不驚不畏了无出心亦復不知何者是
火何者為舍云何為失但東西走戲視父而
已尒時長者即作是念此舍已為大火所燒

已尒時長者即作是念此舍已為大火所燒
我及諸子若不時出必為所焚我今當設方
便令諸子等得免斯害父知諸子先心各有
所好種種珎玩奇異之物情必樂著而告之
言汝等所可玩好希有難得汝若不取後必
憂悔如此種種羊車鹿車牛車今在門外可
以遊戲汝等於此火宅宜速出來隨汝所欲
皆當與汝尒時諸子聞父所說珎玩之物適
其願故心各勇鋭互相推排競共馳走爭出
火宅是時長者見諸子等安隱得出皆於四
衢道中路地而坐无復鄣閡其心泰然歡喜
踊躍時諸子等各白父言父先所許玩好之
具羊車鹿車牛車願時賜與

上張設幰蓋亦以珎奇雜寶而嚴餝之寶繩
絞絡垂諸華瓔重敷綩綖安置丹枕駕以白
牛膚色充潔形體姝好有大筋力行步平正
其疾如風又多僕從而侍衛之所以者何是
長者財富无量種種諸藏悉皆充溢而作是
念我財物无極不應以下劣小車與諸子等
今此幼童皆是吾子愛无偏黨我有如是七
寶大車其數无量應當等心各各與之不宜
差別所以者何以我此物周給一國猶尚不
匱何況諸子是時諸子各乘大車得未曾
有非本所望舍利弗於汝意云何是長者
諸子珎寶大車寧有虛妄不舍利弗言不也
世尊是長者但令諸子得免火難全其軀命

世尊是長者但令諸子得免火難全其軀命
非為虛妄何以故若全身命便為已得玩好
之具况復方便於彼火宅而拔濟之世尊若
是長者乃至不與最小一車猶不虛妄何以
故是長者先作是意我以方便令子得出以
是因緣无虛妄也何况長者自知財富无量
欲饒益諸子等與大車
佛告舍利弗善哉善哉如汝所言舍利弗如
來亦復如是則為一切世間之父於諸怖畏
衰惱憂患无明闇蔽永盡无餘而悉成就无
量知見力无所畏有大神力及智慧力具足
方便智慧波羅蜜大慈大悲无懈惓恒求
善事利益一切而生三界朽故火宅為度衆

為生老病死憂悲苦惱之所燒煮亦以五欲
財利故受種種苦又以貪著追求故現受衆
苦後受地獄畜生餓鬼之苦若生天上及在
人間貧窮困苦愛別離苦怨憎會苦如是等
種種諸苦衆生沒在其中歡喜遊戲不覺不
知不驚不怖亦不生猒不求解脫於此三界
火宅東西馳走雖遭大苦不以為患舍利弗
佛見此已便作是念我為衆生之父應拔其
苦難與无量无邊佛智慧樂令其遊戲
舍利弗如來復作是念若我但以神力及智
慧力捨於方便為諸衆生讚如來知見力无
所畏者衆生不能以是得度所以者何是諸
衆生未免生老病死憂悲苦惱而為三界火

衆生未免生老病死憂悲苦惱而爲三界火
宅所燒何由能解佛之智慧舍利弗如彼長
者雖復身手有力而不用之但以慇懃方便
勉濟諸子火宅之難然後各與珍寶大車如
來亦復如是雖有力无所畏而不用之但以
智慧方便於三界火宅㧞濟衆生爲說三乘
聲聞辟支佛佛乘而作是言汝等莫得樂住
三界火宅勿貪麁弊色聲香味觸也若貪著生
愛則爲所燒汝速出三界當得三乘聲聞辟支
佛佛乘我今爲汝保任此事終不虛也汝等但
當勤脩精進如來以是方便誘進衆生復作是
言汝等當知此三乘法皆是聖所稱嘆自在无
繫无所依求乘是三乘以无漏根力覺道禪定
解脫三昧等而自娛樂便得无量安隱快樂

信受慇懃精進欲速出三界自求涅槃是名
聲聞乘如彼諸子為求羊車出於火宅若有
衆生從佛世尊聞法信受慇懃精進求自然
慧樂獨善寂深知諸法因緣是名辟支佛乘
如彼諸子為求鹿車出於火宅若有衆生從
佛世尊聞法信受懃脩精進求一切智佛智
自然智无師智如來知見力无所畏愍念安
樂无量衆生利益天人度脫一切是名大乘
菩薩求此乘故名為摩訶薩如彼諸子為求
牛車出於火宅舍利弗如彼長者見諸子等
安隱得出火宅到无畏處自惟財富无量等
以大車而賜諸子如來亦復如是為一切衆
生之父若見无量億千衆生以佛教門出三
界苦怖畏險道得涅槃樂

生之父若見无量億千衆生以佛教門出三
界苦怖畏險道得涅槃樂
如來尒時便作是念我有无量无邊智慧力
无畏等諸佛法藏是諸衆生皆是我子等與
大乘不令有人獨得滅度皆以如來滅度而
滅度之是諸衆生脫三界者悉與諸佛禪定
解脫等娛樂之具皆是一相一種聖所稱歎
能生淨妙第一之樂舍利弗如彼長者初以
三車誘引諸子然後但與大車寶物莊嚴安
隱第一然彼長者无虛妄之咎如來亦復如
是无有虛妄初說三乘引導衆生然後但以
大乘而度脫之何以故如來有无量智慧力
无所畏諸法之藏能與一切衆生大乘之法

而說偈言
譬如長者　有一大宅　其宅久故　而復頓弊
堂舍高危　柱根摧朽　梁棟傾邪　基陛頹毀
牆壁圮坼　泥塗褫落　覆苫亂墜　椽梠差脫
周障屈曲　雜穢充遍　有五百人　止住其中
鵄梟鵰鷲　烏鵲鳩鴿　蚖蛇蝮蝎　蜈蚣蚰蜒
守宮百足　狖狸鼷鼠　諸惡虫輩　交橫馳走
屎尿臭處　不淨流溢　蜣蜋諸虫　而集其上
狐狼野干　咀嚼踐蹋　嚌齧死屍　骨肉狼藉
由是羣狗　競來搏撮　飢羸慞惶　處處求食
鬭諍摣掣　啀喍嗥吠　其舍恐怖　變狀如是
處處皆有　魑魅魍魎　夜叉惡鬼　食噉人肉
毒虫之屬　諸惡禽獸　孚乳產生　各自藏護

毒虫之屬　諸惡禽獸　孚乳產生　各自藏護
夜叉競來　爭取食之　食之既飽　惡心轉熾
鬪諍之聲　甚可怖畏　鳩槃荼鬼　蹲踞土埵
或時離地　一尺二尺　往返遊行　縱逸嬉戲
捉狗兩足　撲令失聲　以脚加頸　怖狗自樂
復有諸鬼　其身長大　裸形黑瘦　常住其中
發大惡聲　叫呼求食　復有諸鬼　其咽如針
復有諸鬼　首如牛頭　或食人肉　或復噉狗
頭髮蓬亂　殘害凶險　飢渴所逼　叫喚馳走
夜叉餓鬼　諸惡鳥獸　飢急四向　窺看窗牖
如是諸難　恐畏無量
是朽故宅　屬于一人　其人近出　未久之間
於後舍宅　忽然火起　四面一時　其炎俱熾

周慞惶怖 不能自出 惡獸毒虫 藏竄孔穴
毗舍闍鬼 亦住其中 薄福德故 為火所逼
共相殘害 飲血噉肉 野干之屬 並已前死
諸大惡獸 競來食噉 臭烟熢㶿 四面充塞
蜈蚣蚰蜒 毒虵之類 為火所燒 爭走出穴
鳩槃荼鬼 隨取而食 又諸餓鬼 頭上火燃
飢渴熱惱 周慞悶走 其宅如是 甚可畏怖
毒害火災 衆難非一 是時宅主 在門外立
聞有人言 汝諸子等 先因遊戲 來入此宅
稚小无知 歡娛樂著
長者聞已 驚入火宅 方宜救濟 令无燒害
告喻諸子 說衆患難 惡鬼毒虫 災火蔓莚
衆苦次第 相續不絕 毒虵蚖蝮 及諸夜叉

衆苦次第　相續不絶　毒虵蚖蝮　及諸夜叉
鳩槃荼鬼　野干狐狗　鵰鷲鵄梟　百足之屬
飢渴惱急　甚可怖畏　此苦難處　况復大火
諸子无知　雖聞父誨　猶故樂着　嬉戲不已
是時長者　而作是念　諸子如是　益我愁惱
今此舍宅　无一可樂　而諸子等　躭湎嬉戲
不受我教　將爲火害　即便思惟　設諸方便
告諸子等　我有種種　珎玩之具　妙寶好車
羊車鹿車　大牛之車　今在門外　汝等出來
吾爲汝等　造作此車　隨意所樂　可以遊戲
諸子聞說　如此諸車　即時奔競　馳走而出
到於空地　離諸苦難
長者見子　得出火宅　住於四衢　坐師子座

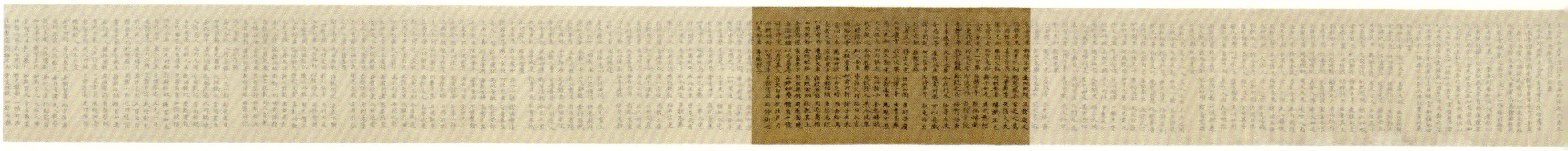

大火猛炎　四面俱起　而此諸子　貪樂嬉戲
我已救之　令得脫難　是故諸人　我今快樂
尒時諸子　知父安坐　皆詣父所　而白父言
願賜我等　三種寶車　如前所許　諸子出來
當以三車　隨汝所欲　今正是時　唯垂給與
長者大富　庫藏衆多　金銀琉璃　車渠馬瑙
以衆寶物　造諸大車　莊校嚴飾　周匝欄楯
四面懸鈴　金繩絞絡　真珠羅網　張施其上
金華諸瓔　處處垂下　衆綵雜飾　周匝圍繞
柔濡繒纊　以為茵蓐　上妙細氎　價直千億
鮮白淨潔　以覆其上　有大白牛　肥壯多力
形體姝好　以駕寶車　多諸儐從　而侍衛之
以是妙車　等賜諸子

以是妙車 等賜諸子
諸子是時 歡喜踊躍 乘是寶車 遊於四方
嬉戲快樂 自在无閡 告舍利弗 我亦如是
衆聖中尊 世間之父 一切衆生 皆是吾子
深着世樂 无有慧心 三界无安 猶如火宅
衆苦充滿 甚可怖畏 常有生老 病死憂患
如是等火 熾然不息 如來已離 三界火宅
寂然閑居 安處林野 今此三界 皆是我有
其中衆生 悉是吾子 而今此處 多諸患難
唯我一人 能爲救護 雖復教詔 而不信受
於諸欲染 貪着深故 是以方便 爲說三乘
令諸衆生 知三界苦 開示演說 出世間道
是諸子等 若心決定 具足三明 及六神通
[illegible]

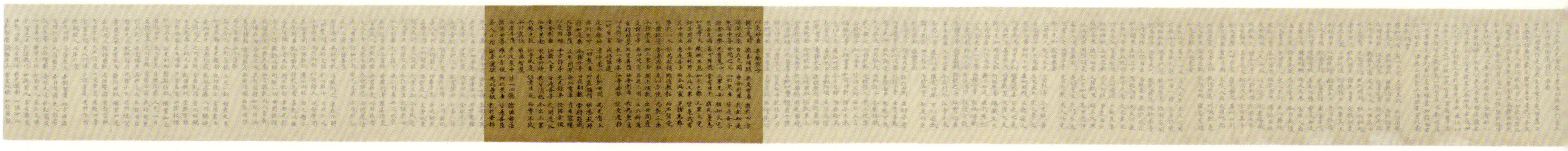

一切皆當　成得佛道
是乘微妙　清淨第一　於諸世間　爲无有上
佛所悦可　一切衆生　所應稱讚　供養礼拜
得如是乘　令諸子等　日夜劫數　常得遊戲
與諸菩薩　及聲聞衆　乘此寶車　直至道場
以是因緣　十方諦求　更无餘乘　除佛方便
告舍利弗　汝諸人等　皆是吾子　我則是父
汝等累劫　衆苦所燒　我皆濟拔　令出三界
我雖先說　汝等滅度　但盡生死　而實不滅
今所應作　唯佛智慧
若有菩薩　於是衆中　能一心聽　諸佛實法
諸佛世尊　雖以方便　所化衆生　皆是菩薩
若人小智　深著愛欲　爲此等故　說於苦諦

若人小智　深著愛欲　為此等故　說於苦諦
衆生心喜　得未曾有　佛說苦諦　真實无異
若有衆生　不知苦本　深著苦因　不能蹔捨
為是等故　方便說道　諸苦所因　貪欲為本
若滅貪欲　无所依止　滅盡諸苦　名第三諦
為滅諦故　脩行於道　離諸苦縛　名得解脫
是人於何　而得解脫　但離虛妄　名為解脫
其實未得　一切解脫　佛說是人　未實滅度
斯人未得　无上道故　我意不欲　令至滅度
我為法王　於法自在　安隱衆生　故現於世
汝舍利弗　我於法印　為欲利益　世間故說
在所遊方　勿妄宣傳　若有聞者　隨喜頂受
當知是人　阿鞞跋致　若有信受　此經法者

若人有能 信汝所說 則為見我 亦見於汝
及比丘僧 并諸菩薩
斯法華經 為深智說 淺識聞之 迷惑不解
一切聲聞 及辟支佛 於此經中 力所不及
汝舍利弗 尚於此經 以信得入 況餘聲聞
其餘聲聞 信佛語故 隨順此經 非己智分
又舍利弗 憍慢懈怠 計我見者 莫說此經
凡夫淺識 深著五欲 聞不能解 亦勿為說
若人不信 毀謗此經 則斷一切 世間佛種
或復顰蹙 而懷疑惑 汝當聽說 此人罪報
若佛在世 若滅度後 其有誹謗 如斯經典
見有讀誦 書持經者 輕賤憎嫉 而懷結恨
此人罪報 汝今復聽
其人命終 入阿鼻獄 具足一劫 劫盡更生

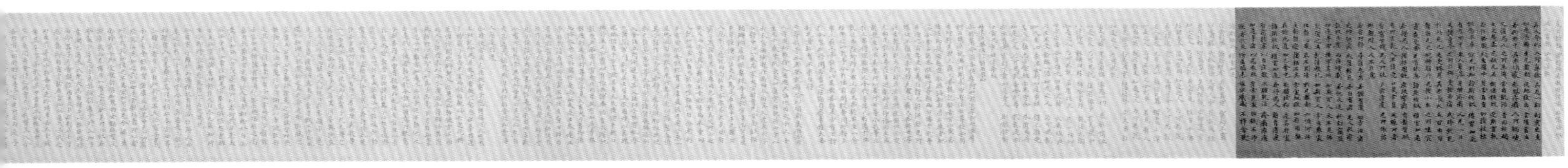

其人命終入阿鼻獄　具足一劫　劫盡更生
如是展轉至无數劫　從地獄出　當墮畜生
若狗野干　其形頓瘦　梨黮疥癩　人所觸嬈
又復為人之所惡賤　常困飢渴　骨肉枯竭
生受楚毒　死被瓦石　斷佛種故　受斯罪報
若作駱駝　或生驢中　身常負重　加諸杖捶
但念水草　餘无所知　謗斯經故　獲罪如是
有作野干　來入聚落　身體疥癩　又无一目
為諸童子之所打擲　受諸苦痛　或時致死
於此死已　更受蟒身　其形長大　五百由旬
聾騃无足　蜿轉腹行　為諸小虫之所唼食
晝夜受苦　无有休息　謗斯經故　獲罪如是
若得為人　諸根闇鈍　矬陋攣躄　盲聾背傴

雖親附人　人不在意
若有所得　尋復忘失　若脩醫道　順方治病
更增他疾　或復致死　若自有病　无人救療
設服良藥　而復增劇　若他反逆　抄劫竊盜
如是等罪　橫羅其殃　如斯罪人　永不見佛
衆聖之王　說法教化　如斯罪人　常生難處
狂聾心亂　永不聞法　於无數劫　如恒河沙
生輒聾瘂　諸根不具　常處地獄　如遊園觀
在餘惡道　如己舍宅　駞驢猪狗　是其行處
謗斯經故　獲罪如是　若得為人　聾盲瘖瘂
貧窮諸衰　以自莊嚴　水腫乾痟　疥癩癰疽
如是等病　以為衣服　身常臭處　垢穢不淨
深著我見　增益瞋恚　婬欲熾盛　不擇禽獸

深著我見 增益瞋恚 婬欲熾盛 不擇禽獸
謗斯經故 獲罪如是
告舍利弗 謗斯經者 若說其罪 窮劫不盡
以是因緣 我故語汝 无智人中 莫說此經
若有利根 智慧明了 多聞強識 求佛道者
如是之人 乃可為說 若人曾見 億百千佛
殖諸善本 深心堅固 如是之人 乃可為說
若人精進 常脩慈心 不惜身命 乃可為說
若人恭敬 无有異心 離諸凡愚 獨處山澤
如是之人 乃可為說 又舍利弗 若見有人
捨惡知識 親近善友 如是之人 乃可為說
若見佛子 持戒清潔 如淨明珠 求大乘經
如是之人 乃可為說

以清淨心　種種因緣　譬喻言辭　說法无閡
如是之人　乃可為說　若有比丘　為一切智
四方求法　合掌頂受　但樂受持　大乘經典
乃至不受　餘經一偈　如是之人　乃可為說
如人至心　求佛舍利　如是求經　得已頂受
其人不復　志求餘經　亦未曾念　外道典籍
如是之人　乃可為說　告舍利弗　我說是相
求佛道者　窮劫不盡　如是等人　則能信解
汝當為說　妙法華經

妙法蓮華經信解品第四

尒時慧命須菩提摩訶迦旃延摩訶迦葉摩
訶目揵連從佛所聞未曾有法世尊授舍利
弗阿耨多羅三藐三菩提記發希有心歡喜

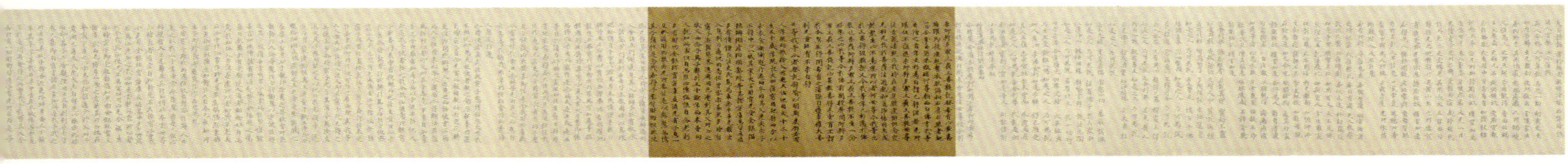

非阿耨多羅三藐三菩提記發希有心歡喜
踊躍即從座起整衣服偏袒右肩右膝著地
一心合掌曲躬恭敬瞻仰尊顏而白佛言我等
居僧之首年並朽邁自謂已得涅槃无所
堪任不復進求阿耨多羅三藐三菩提世尊
往昔說法既久我時在座身體疲懈但念空
无相无作於菩薩法遊戲神通淨佛國土成
就衆生心不憙樂所以者何世尊令我等出
於三界得涅槃證又今我等年已朽邁於佛
教化菩薩阿耨多羅三藐三菩提不生一念
好樂之心我等今於佛前聞授聲聞阿耨多
羅三藐三菩提記心甚歡喜得未曾有不謂
於今忽然得聞希有之法深自慶幸獲大善

世尊我等今者樂說譬喻以明斯義譬若有
人年既幼稚捨父逃逝久住他國或十二十
至五十歲年既長大加復窮困馳騁四方以
求衣食漸漸遊行遇向本國其父先來求子
不得中止一城其家大富財寶无量金銀琉
璃珊瑚虎珀頗梨珠等其諸倉庫悉皆盈溢
多有僮僕臣佐吏民象馬車乘牛羊无數出
入息利乃遍他國商估賈客亦甚衆多時貧
窮子遊諸聚落經歷國邑遂到其父所止之
城父每念子與子離別五十餘年而未曾向
人說如此事但自思惟心懷悔恨自念老朽
多有財物金銀珍寶倉庫盈溢无有子息一
旦終沒財物散失无所委付是以慇懃每憶
其子復作是念我若得子委付財物坦然快

其子復作是念我若得子委付財物坦然快
樂无復憂慮世尊尒時窮子傭賃展轉遇到
父舍住立門側遥見其父踞師子牀寶机承
足諸婆羅門刹利居士皆恭敬圍繞以真珠
瓔珞價直千万庄嚴其身吏民僮僕手執白
拂侍立左右覆以寶帳垂諸華幡香水灑地
散衆名華羅列寶物出内取與有如是等種
種嚴餝威德特尊窮子見父有大力勢即懷
恐怖悔來至此竊作是念此或是王或是王
等非我傭力得物之處不如往至貧里肆力
有地衣食易得若久住此或見逼迫強使我
作作是念已疾走而去時富長者於師子座
見子便識心大歡喜即作是念我財物庫藏

人急追將還
尒時使者疾走往捉窮子驚愕稱怨大喚我
不相犯何為見捉使者執之愈急強牽將還
于時窮子自念无罪而被囚執此必定死轉
更惶怖悶絶躃地父遥見之而語使言不須
此人勿強將來以冷水灑面令得醒悟莫復
與語所以者何父知其子志意下劣自知豪
貴為子所難審知是子而以方便不語他人
云是我子使者語之我今放汝隨意所趣窮
子歡喜得未曾有從地而起往至貧里以求
衣食尒時長者將欲誘引其子而設方便密
遣二人形色憔悴无威德者汝可詣彼徐語
窮子此有作處倍與汝直窮子若許將來使

窮子此有作處倍與汝直窮子若許將來使
作若言欲何所作便可語之雇汝除糞我等
二人亦共汝作時二使人即求窮子既已得之
具陳上事尒時窮子先取其價尋與除糞
其父見子愍而怪之又以他日於窗牖中遥
見子身羸瘦顦顇糞土塵坌汙穢不淨即脱
瓔珞細濡上服嚴飾之具更著麁弊垢膩之
衣塵土坌身右手執持除糞之器狀有所畏
語諸作人汝等懃作勿得懈息以方便故得
近其子後復告言咄男子汝常此作勿復餘
去當加汝價諸有所須瓮器米麪塩酢之屬
莫自疑難亦有老弊使人須者相給好自安
意我如汝父勿復憂慮所以者何我年老大

生子即時長者更與作字名之為兒
尒時窮子雖欣此遇猶故自謂客作賤人由
是之故於二十年中常令除糞過是已後心
相體信入出无難然其所止猶在本處世尊
尒時長者有疾自知將死不久語窮子言我
今多有金銀珎寶倉庫盈溢其中多少所應
取與汝悉知之我心如是當體此意所以者
何今我與汝便為不異宜加用心无令漏失
尒時窮子即受教勑領知衆物金銀珎寶及
諸庫藏而无悕取一飡之意然其所止故在
本處下劣之心亦未能捨復過少時父知子
意漸已通泰成就大志自鄙先心臨欲終時
而命其子并會親族國王大臣剎利居士皆

而命其子并會親族國王大臣剎利居士皆
悉已集即自宣言諸君當知此是我子我之
所生於某城中捨吾逃走跉跰辛苦五十餘
年其本字某我名某甲昔在本城懷憂推覓
忽於是間遇會得之此實我子我實其父今
吾所有一切財物皆是子有先所出內是子
所知世尊是時窮子聞父此言即大歡喜得
未曾有而作是念我本无心有所悕求今此
寶藏自然而至
世尊大富長者則是如來我等皆似佛子如
來常說我等為子世尊我等以三苦故於生
死中受諸熱惱迷惑无知樂著小法今日世
尊令我等思惟蠲除諸法戲論之糞我等於

進故所得知多然世尊先知我等心著弊欲
樂於小法便見縱捨不為分別汝等當有如
来知見寶藏之分世尊以方便力說如来智
慧我等從佛得涅槃一日之價以為大得於
此大乘无有志求我等又因如来智慧為諸
菩薩開示演說而自於此无有志願所以者
何佛知我等心樂小法以方便力隨我等說
而我等不知真是佛子今我等方知世尊於
佛智慧无所悋惜所以者何我等昔来真是
佛子而但樂小法若我等有樂大之心佛則
為我說大乘法此經中唯說一乘而昔於菩
薩前毀呰聲聞樂小法者然佛實以大乘教
化是故我等說本无心有所悕求今法王大

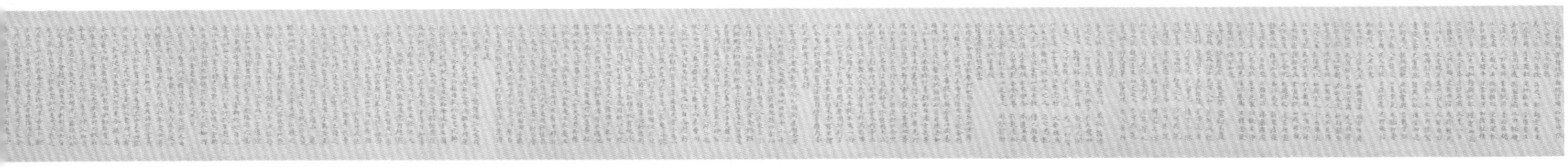

化是故我等說本无心有所悕求今法王大
寶自然而至如佛子所應得者皆已得之尒
時摩訶迦葉欲重宣此義而說偈言
我等今日 聞佛音教 歡喜踊躍 得未曾有
佛說聲聞 當得作佛 无上寶聚 不求自得
譬如童子 幼稚无識 捨父逃逝 遠到他土
周流諸國 五十餘年 其父憂念 四方推求
求之既疲 頓止一城 造立舍宅 五欲自娛
其家巨富 多諸金銀 車璖馬瑙 真珠瑠璃
象馬牛羊 輦輿車乘 田業僮僕 人民衆多
出入息利 乃遍他國 商估賈人 无處不有
千万億衆 圍繞恭敬 常為王者 之所愛念
羣臣豪族 皆共宗重 以諸緣故 往來者衆

庫藏諸物 當如之何 尒時窮子 求索衣食
從邑至邑 從国至国 或有所得 或无所得
飢餓羸瘦 體生瘡癬 漸次經歷 到父住城
傭賃展轉 遂至父舍 尒時長者 於其門內
施大寶帳 處師子座 眷屬圍繞 諸人侍衛
或有計筭 金銀寶物 出內財產 注記券疏
窮子見父 豪貴尊嚴 謂是国王 若是王等
驚怖自怪 何故至此
覆自念言 我若久住 或見逼迫 強驅使作
思惟是已 馳走而去 借問貧里 欲往傭作
長者是時 在師子座 遥見其子 嘿而識之
即勅使者 追捉將來 窮子驚喚 迷悶躃地
是人執我 必當見殺 何用衣食 使我至此

是人執我 必當見煞 何用衣食 使我至此
長者知子 愚癡狹劣 不信我言 不信是父
即以方便 更遣餘人 眇目痤陋 无威德者
汝可語之 云當相雇 除諸糞穢 倍與汝價
窮子聞之 歡喜隨來 為除糞穢 淨諸房舍
長者於牖 常見其子 念子愚劣 樂為鄙事
於是長者 著弊垢衣 執除糞器 往到子所
方便附近 語令勤作
既益汝價 并塗足油 飲食充足 薦席厚煖
如是苦言 汝當勤作 又以濡語 若如我子
長者有智 漸令出入 逕二十年 執作家事
示其金銀 真珠頗梨 諸物出入 皆使令知
猶處門外 止宿草菴 自念貧事 我无此物

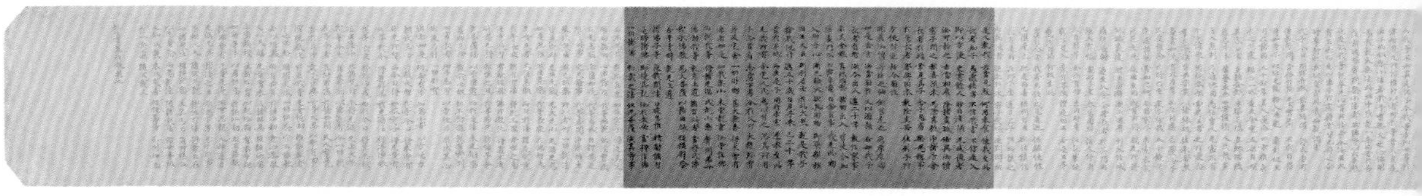

捨我他行　逕五十歲　自見子來　已二十年
昔於其城　而失是子　周行求索　遂來至此
凡我所有　舍宅人民　悉以付之　恣其所用
子念昔貧　志意下劣　今於父所　大獲珎寶
并及舍宅　一切財物　甚大歡喜　得未曾有
佛亦如是　知我樂小　未曾說言　汝等作佛
而說我等　得諸无漏　成就小乘　聲聞弟子
佛勑我等　說最上道　脩習此者　當得成佛
我承佛教　為大菩薩　以諸因緣　種種譬喻
若干言辭　說无上道
諸佛子等　從我聞法　日夜思惟　精勤脩習
是時諸佛　即授其記　汝於來世　當得作佛
一切諸佛　秘藏之法　但為菩薩　演其實事

BD00629　妙法蓮華經卷二

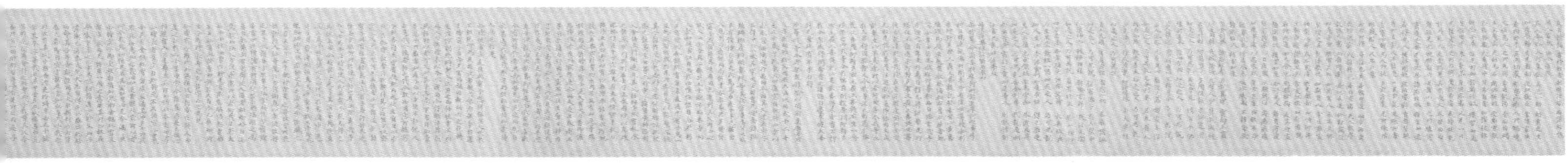

一切諸佛　秘藏之法　但為菩薩　演其實事
而不為我　說斯真要　如彼窮子　得近其父
雖知諸物　心不悕取　我等雖說　佛法實藏
自无志願　亦復如是　我等內滅　自謂為足
唯了此事　更无餘事　我等若聞　淨佛國土
教化衆生　都无欣樂　所以者何　一切諸法
皆悉空寂　无生无滅　无大无小　无漏无為
如是思惟　不生喜樂　我等長夜　於佛智慧
无貪无著　无復志願　而自於法　謂是究竟
我等長夜　脩習空法　得脫三界　苦惱之患
住最後身　有餘涅槃　佛所教化　得道不虛
則為已得　報佛之恩　我等雖為　諸佛子等
說菩薩法　以求佛道　而於是法　永无願樂
導師見捨　觀我心故　初不勸進　說有實利

然後乃付　一切財寶　佛亦如是　現希有事
知樂小者　以方便力　調伏其心　乃教大智
我等今日　得未曾有　非先所望　而今自得
如彼窮子　得无量寶　世尊我今　得道得果
於无漏法　得清淨眼　我等長夜　持佛淨戒
始於今日　得其果報　法王法中　久脩梵行
今得无漏　无上大果　我等今者　真是聲聞
以佛道聲　令一切聞　我等今者　真阿羅漢
於諸世間　天人魔梵　普於其中　應受供養
世尊大恩　以希有事　憐愍教化　利益我等
无量億劫　誰能報者　手足供給　頭頂礼敬
一切供養　皆不能報　若以頂戴　兩肩荷負
於恒沙劫　盡心恭敬

BD00629　妙法蓮華經卷二

若以頂戴　兩肩荷負　於恒沙劫　盡心恭敬
又以美饍　无量寶衣　及諸卧具　種種湯藥
牛頭栴檀　及諸珎寶　以起塔廟　寶衣布地
如斯等事　以用供養　於恒沙劫　亦不能報
諸佛希有　无量无邊　不可思議　大神通力
无漏无為　諸法之王　能為下劣　忍于斯事
取相凡夫　隨宜為說　諸佛於法　得㝡自在
知諸衆生　種種欲樂　及其志力　隨所堪任
以无量喻　而為說法　隨諸衆生　宿世善根
又知成熟　未成熟者　種種籌量　分別知已
於一乘道　隨宜說三

妙法蓮華經卷第二

BD00629　妙法蓮華經卷二

BD00630 法王經

817.9cm × 26cm

菩薩名□□□即從坐起繞佛三
住一面五體投地悲泣流淚而白佛，
尊如來欲入涅槃時欲將至若滅
百歲五濁衆生多作惡業專行十惡
生福德力薄於佛所說十二部經甚
多文廣義意趣難解於其法中
願佛慈悲爲說大乘決定真實令此衆
妙藥療□□病患令得愈佛讚虛
言善哉善哉善男子汝能爲諸衆
□允大利益不可思議我當爲汝分
實大乘決定了義何以故度衆生故令諸衆
生離煩惱故出地獄苦生淨土故必定解

佛慈悲為我宣說佛言諸善男子欲求解脫
當斷攀緣一心无二捨有心相心性體空於
[illegible]性中无染无捨若无取捨即无所得若无
[illegible]即名菩提何以故衆多煩惱皆一心生心
若不生煩惱不生於諸境智即无取捨若
无取捨則離諸著若離諸著即无攀緣虛
空藏菩薩白佛言世尊衆生境智能生善惡
是緣起處内外二邊諸法相入云何於中而不
取捨佛告虛空藏菩薩言善男子入一禪聚
觀諸内外心竟不有何以故觀内願内真性不
生觀外願外无明不起无生无起即无涅槃
是為清淨是妙良藥虛空藏菩薩白佛言
世尊如來所說大乘實相甚深微妙无上良

是為清淨是妙良藥虛空藏菩薩白佛言
世尊如来所說大乘實相甚深微妙无上良
藥入一乘諦而後衆生三業不淨作十惡業
行闡提行根基狭劣難可以心藥病差別作
何方便令入大乘佛告虛空藏菩薩言我有
方便令入大乘虛空藏菩薩白佛言世尊我
從昔聞如来為大乘人說六波羅蜜法為中
乘人說十二因緣法為小乘人說四諦法為
闡提人說十善法皆對病根為說良藥云何
今日說一乘法以救四人佛告虛空藏菩薩言
我說一乘道法猶如一地能生万物長養
一切猶如法雨普潤一切在地生者皆得潤
澤猶如一米一味之飯在世衆生人及非人
皆以為食食者悉能長身命譬如藥王善

通无病不愈我說一乘法於彼四人療諸疾
病亦復如是虛空藏菩薩白佛言世尊以何
方便令彼十惡一闡提衆生入一乘道佛告
虛空藏菩薩言善男子我一乘法即具三乘
更无別說而作三乘汝當諦聽爲汝宣說善
男子妙道玄基一性无二以方便故而說三
乘諸法三乘皆符一觀一切衆生雖有四種而於
佛性亦无有二何以故一切諸佛一切衆生皆同一性
一相一體无異衆生之心自起分別佛是衆生
衆生是佛一切衆生皆有佛性佛性衆生性
皆同一性一性平等等諸法故我有方便令
入一乘善男子令彼衆生牢固心城勿令賊
入六識大門金剛守護觀心住處知心住

入一乘善男子令彼衆生守國心城分令則
入六識大門金剛守護觀心住處知心住
處於心住處即不住心若不住心心則不住
不住諸惡及以境界即无攀緣離攀緣故
心即无求心若无求心則无住若无住處即名
住心善男子衆生之心作諸煩惱皆為心神
所起不住故其心若住即无煩惱若无煩惱
即是菩提虛空藏菩薩白佛言世尊一切衆
生作諸煩惱其心不住從何力起而作攀緣
願佛慈悲為衆宣說佛言一切衆生作諸緣
起有二性力何等為二一者緣外境界起是
緣性力二者不緣境界起自心自起是自性
力善男子令諸衆生不起三性則无煩惱則无
菩提若无煩惱若无菩提入真實處是真

處而得菩提佛讃虛空藏菩薩言善哉善
哉善男子汝能善問如是心義是大菩薩摩
訶薩不可思議汝當諦聽為汝宣說善男子若
化衆生令其心住不在内住不在外住不在中
間住諸佛乗法亦不在内亦不在外亦不在
中間住一心神於无住處故得菩提若得菩
提亦无菩提可得是名如如何以故煩惱妄
生為妄空故諸法不生法亦空故此心但
有空名心亦不可得心亦空故諸善男子
若知心空不應於一空心中妄見一切若見一
切即名心垢心垢若无即名遍盡眼色與
心三空常淨虛空藏菩薩白佛言世尊諸
法若然一切衆生應於一身一心一世界能入
一佛世界一佛世界能入遍滿虛空一切佛

法若然一切衆生應於一身一心一世界能入
一佛世界一佛世界能入遍滿虛空一切佛
法世界佛告虛空藏菩薩言善男子如是
是一切世界入一世界一一世界有一一蓮華座
一一蓮華中各有一如来座一一如来身充
滿一切世界示現一切世界皆悉虛空諸
佛莊嚴一切世界有一一菩薩一一菩薩身
充滿一切世界有大神力於一毛孔中安置
一切世界一切世界入一衆生身一一衆生身
一一世界數一一世界即是一佛世界一佛
道場一菩提樹一菩提樹下各有一佛座一
一佛身亦充滿一切世界一一佛妙聲亦充
滿一切世界一切世界皆隨所應无不聞
解皆為歡喜諸行者等知法在其身中不

一切身於一切身中能生一身何以故一身
一佛身故一切衆身衆生身及諸佛身皆
從一心生一心若善諸法善盡一心若惡諸法
惡盡若作惡業則生惡衆生之身若作善業
則生人天諸身若於一心離一心想於心想中
空无所得復離空心界於无取地能生佛身
於佛身中一身无二一佛性故一佛性中即
一心性於一心外更无他求若作他求即爲
顛倒何以故一切心法无由外請於外請
處即名爲他若求他處即爲虛妄虛空
藏菩薩白佛言世尊於一心中而得佛者一切
心中皆有佛性一切衆生皆有佛性若各各能
定身心即得成佛離此之外更无求佛處佛
告虛空藏菩薩言善男子如是如是如是如汝

定身心所得成佛離此之外更无求佛處佛
告虛空藏菩薩言善男子如是如是如汝
所言一切衆生皆有佛性諸佛如來皆以一心
法令諸一切衆生之心於一心中而求佛法而
得佛身虛空藏菩薩白佛言世尊若諸衆
生有佛性者於佛性中而求得佛一切衆生
皆亦有心亦有佛性是爲可得是爲可見佛
告虛空藏菩薩言善男子入佛妙性實相之
際亦不可得非不可得亦不可見非不可見何
何以故菩薩若説佛性有即名謗佛説佛性无
亦爲謗佛説佛性亦有亦无亦爲謗佛説佛
性非有非无亦爲謗佛何以故菩薩衆生佛
性非有如虛空非无如兔角兔角无故虛空
常故非有質相非无空相離諸形相无所著

說佛性无損減謗說佛性非有非无戲論謗
說佛性似有似无相爲謗虛空藏菩薩白佛
言世尊衆生佛性若妙如是離諸境界則无
所染由如虛空體性常淨云何衆生作諸煩
惱若作煩惱心則是垢是心之垢從何而生
唯願世尊爲衆生宣說令諸衆生皆悉聞知令
諸衆生破諸煩惱除蕩心垢永離蓋纏佛
即嬉怡微咲以左手摩菩薩頂放大光明普
照一切尒時大衆一切衆生皆大歡喜踊躍佛
言菩薩爲諸衆生所作如是問是名正問是
度衆生若作他問是名耶問是滅衆生菩薩
汝能正問是度衆生汝等衆生皆當一心專
念諦聽散乱除想无營物外坐性澂志爲汝
宣說若聞說者一切十惡衆生皆得解脫

念識聽散亂除想无營物外坐性微志為汝
宣說若聞說者一切十惡衆生皆得解脫
虛空藏菩薩白佛言世尊我等大衆一切衆
生皆以一心无餘乱想唯願世尊為衆宣說
佛告菩薩大衆等一切煩惱從顛倒生一切顛
倒從妄想生一切妄想從有我生一切有我
從无本生一切无本即是无住无住无本
即為不有有則為垢无則為淨於其淨處
是常波羅蜜是樂波羅蜜是我波羅蜜是
淨波羅蜜若作是見名為正見若作餘見名為
邪見如是見者是人有慧作他見者是人无慧
若有慧者則方便解若无慧者則方便縛虛
空藏菩薩白佛言世尊於其淨處若有衆生
常起常想常起樂想常起我想常起淨想

故如来法身常波羅蜜樂波羅蜜我波羅
蜜淨波羅蜜於清淨處是佛法身作是見者
是人是佛真一弟子從正法生從法化生從佛
口生得佛四依雖曰凡夫是四依菩薩善男
子於我滅後若五百歲若千歲若五千百歲
後若復有人能於此經受持讀誦如說脩行
於常樂我淨處信心正見復以此法教一衆
生則名菩薩雖是凡夫得受供養是名出家
人虛空藏菩薩白佛言世尊夫是出家之人
剃除鬚髮而披法服受持具戒不染於俗是
名出家得受供養如来今者說凡夫人是為
出家得受供養不了其義願佛慈悲為我宣
說佛告虛空藏菩薩言善男子剃除鬚髮者
剃除名相伏身无我而披法服者直心无諂

剃除名相伏身无我而披法服者直心无諂
欲離俗故持具戒者不毀禁故我說彼人是
名出家雖是凡夫能伏身心不起我慢不除
塵垢久離於俗心如金剛不壞戒性雖是凡
夫是真出家復於此教大乘経中脩行如說
信佛語故見常樂我淨爲衆生宣說雖曰
凡夫是四依人是行菩薩行得受供養名曰行
者得恵方便說大乘法如是法性皆不離心
從心化生湛然常一一相无二於一相中亦
无内外亦无中間離一切故若離一切即无
生滅若无生滅即是真如真如常住法僧不
滅三界衆生自生自滅善男子是故我說衆
生无我諸佛如来是真實我能破生死流故

佛言諸善男子我不生他則他不生我何以故體性清淨空非有非无境界常空清淨非无非不斷菩薩諸佛如来恒以一味一性之香熏諸衆生一心性淨而諸智者得會空解而諸愚者入迷執縛何以故智者衆生无有疑故於有覺性覺諸无明不起无覺不空不空入一清淨永離諸惱愚者衆生為有疑故於有覺性不覺无明即起无覺作諸塵惱若悟有覺則无无覺若无无覺則病不生若病不生則无有覺若无有覺若无无覺即无疑心何以故一疑心中有二意故若无疑心即不生病若有生處即入空舍一性真空有為无相逢境緣起如空幻化菩薩令諸衆生當斷疑心

境緣起如空幻化菩薩令諸衆生當斷疑心
而作心師不師於心離諸可欲无令放逸若
生念處即須當斷若无念心前念後念不相
違背即得順理不起无明不定有覺本不動故
若起念時上念前起虛空藏菩薩白佛言世尊
念若起作何法覺而能止之佛言菩薩令
諸行者每覺心住處知心住處即不住心以
是覺故覺則止之念若不起即无止觀若有
起處安住虛空一性空中染淨俱滅自性清淨
不取不捨念亦不生无生无行身行處滅
言語道斷一佛性覺更无餘覺妙性常存
猶如虛空不著一切菩薩若行此行猶如執杖
以打虛空不染而着是名法行若有染處即

多欲從昔以来多作惡業專行十惡為增恚
嫉妬四虵牽引為諸妄想二鼠嚙斷心根猶
有如人繩懸在樹四虵在下吐毒向之樹上二
鼠嚙繩欲斷若心滅即三業淨心若不滅
眼色與心俱為妄想為見所縛將墮獄尒
時闡提因佛聞法於一念中心生慚愧欲問
如来懺悔之法心懷慚愧不能發問於時如
来以神通力即知其意欲令是離諸苦惱
出地獄苦語虛空藏菩言善男子於我滅
後若有一闡提之人多作惡業滅佛三寶謗
正法作五逆重罪如是人等命終之後必當
墮落於諸地獄乃至十二大劫由不得出汝
等菩薩當發慈心令廿衆生發露懺悔令

墮落於諸地獄乃至十二大劫由不得出汝
等菩薩當發慈心令此衆生發露懺悔令
其心垢清淨心垢既淨即得解脫虛空藏菩薩
白佛言世尊作何法懺悔而得罪除願佛慈悲爲
分別說佛言菩薩若欲懺悔當觀實諦
若見實諦諸罪悉除佛說語已尒時衆中百千
万億一切衆生人及非人皆悉一心觀一實
諦觀見見已罪垢皆滅唯闡提人不見實諦
其多欲即從座起五體投地而白佛言世尊
我心无明極重雖復學觀不見實諦從无始
以來乃至今日純行十惡作何方便令我得見
實諦罪垢消除佛告多欲汝等一闡提皆悉
一心爲汝分別解說多欲汝等衆生當觀身

二即名爲邪若作邪見煩惱即生若无耶見
煩惱不生煩惱若斷即名清淨汝等衆生皆
當一心觀一佛性佛性之外更无所見若有
所見皆爲虛妄作是虛妄則爲顛倒多欲一
心淨則多法淨一心垢則多法垢垢則爲罪
淨則爲真心若離垢罪即不生多欲白佛言
世尊我從昔來乃至今日作諸惡業无量
无邊歷千万劫今日發心觀一實諦无邊之
罪悉除不願佛世尊爲我解說令我无疑
佛言多欲若觀實諦諸罪悉除何以故多欲
昔日垢心今日淨心一心无二更无別心今日
淨心昔心亦淨是故當知從无數劫來所有

淨心首心亦淨是故當知從无數劫來所有
諸罪盡滅譬如千年塵鏡以衣一拂其鏡
即明諸塵皆盡无有遺餘又如千年闇室
然一炬燈諸闇皆盡汝等衆生常應一心觀
一實諦於諸法内作諸法行去離世間一切
諸法皆以无常何以故多欲世間動不動法皆
是敗壞其法若壞行亦无常行若无常法則生
滅離生滅法即名真諦多欲譬如凡師作諸
凡器隨心所欲其器无定其器相皃及以名字
皆悉生滅唯有凡性一性是常諸餘體毀悉
皆生滅是生滅體即不自生若不自生即是
不有多欲佛性如凡衆生性如器是生滅法
若離諸業即是佛身觀一佛身即无他業多
欲白佛言世尊我觀實諦諸罪已滅復作何

如虛空內外清淨善入禪聚心如風火諸行
悉散善依智惠即名解脫以解脫故則能知
見多欲汝能脩行是事即得五分法身多欲
白佛言世尊五分法身有何因果佛言多
欲佛性常因法身常果何以故因心佛性緣法
得果離因離果則无因果若无因果是佛真
身多欲於心淨國當住寂靜當觀實念則此
念中即生淨國可為衆生如如說法入心真
空離諸動說三識一性金剛不壞
尒時衆中復有菩薩名曰无行即從座起偏
袒右肩右膝著地合掌向佛而白佛言世尊
若佛滅後五百歲若千歲若千五百歲後若
為衆生說法當何法說願佛慈悲為衆宣
說令我无疑佛告无行菩薩善男子於一千五百

BD00630 法王經

說令我无疑佛告无行菩薩善男子若一千五百
歲後爲衆生說法者說體不說相說義不說
文如是說者是真說法若說文相動口動心
皆是誹謗善男子若於一切衆生處說法當
如如相說平等相說何以故當時一切衆生
皆同一病一心一佛性一性平等等諸法故於
中若說高下即名耶說其口當破其舌當
烈何以故一切衆生心垢同一垢一切衆生心
淨同一淨何以故一切衆生一心淨則同一
十善法淨一切衆生一心垢則同一十惡
垢衆生若病應同一病衆生須藥應須一
藥若說多法即名顛倒何以故爲妄分別善惡
法故破一切法故隨機說法斷佛道故菩薩

說一體真法是如如說直心具說是如如說
无偏執說是如如說无分別說是如如說住
心一淨處說是如如說諸說不可說是如如
說尒時无行菩薩欲令大衆一切衆生悉皆
明了重白佛言世尊云何說不可說是如如
說佛告无行菩薩言善男子說一切諸法自
相空故即不可說一切諸法无相說即不可
說一切諸法无作說即不可說善男子若如
是說者即不可說是如如說无行菩薩白佛
言世尊法若如是云何直心具說佛告无
行菩薩言善男子直心者直以心信如来義說
不以自心說具者具十善義具四諦義具十
二因緣義具六波羅蜜義具三解脫門義
具如是等法於一心中佛性地等一淨說是

具如是等法於一心中佛性地等一淨說是
名具說是如如說何以故一切諸法俱為一
故菩薩等我此一淨法猶如一大海水水性
一味種種珎寶所有求者隨心即得猶如一
神丹種種諸雜藥和合而以成之療治一切
病服者一一除愈等一淨法一心淨一佛性
一性淨法亦復如是等諸法故如是說者是
名淨說若別說者是名識說何以故一切衆
生皆有佛性无无佛性尒但覺有遠近无无
法身尒者若定根機為小乘人說小乘法為
一闡提人說一闡提法若如是說即名不說
佛道法是斷佛性是滅佛身是說法人當
歷百千万劫墮諸地獄縱佛出世由不得出縱

則是法性法性常淨即具一切諸寶相好從
本以來无得无失无出无沒性常真實亦无
虛妄亦无煩惱亦无涅槃亦无增減究竟清淨
一性清淨即是菩提清淨性菩提性一性无二
平等清淨言語道斷猶如虛空內外清淨
是一清淨亦不處內外亦不處中間无言无
說云何於中分別病藥若无分別是无分別
智善男子離一心外一清淨外一佛性外即
无佛可求即无法可說即无僧可得何以故
佛是法故法是僧故僧是无為故无為即是
佛性故佛性則是法身故是故我說此經唯
說一眾生身一心一清淨一佛性一佛道場
一菩提樹充滿一切世界入一切眾生身善

……一佛性一佛道場
一菩提樹充滿一切世界入一切衆生身善
男子一切佛從此經生一切法從此經出一
切僧從此經見受持是經者即名受持三寶
念此經者即名念三寶供養此經者即名供
養三寶无行菩薩白佛言世尊云何念三寶
若念三寶得幾多福佛告无行菩薩言善男
子若念三寶猶如虛空其福无量不可思議
若念三寶安住虛空心中乃至不見佛法僧
是則不見諸法若不見諸法則於法中不生
疑惑於清淨處念一實相一體三寶是念三
寶无行菩薩白佛言世尊於三寶中一心正念
念於煩惱處自心不起對緣不起於諸善法
亦復如是住一淨心依一佛性不動不住不

行頗佛世尊爲我宣說佛告无行菩薩言是
菩薩行若化衆生當令衆生持心不持語持行不
持法若爲說法說人不說字說義不說文何
以故佛性是義故何以故離文相故若取文
文相是爲虛妄若捨佛性是爲失本善男子若
失佛性而求佛者由如影中爲人治病由如
攢氷而以求火由如无翼鳥意欲高飛終无
得法善男子於此經中調心取義不得隨文
當取其理若不取理即名虛妄亦復不得於
其理上惡取空相而化衆生即名空見一闡
提但令衆生於一心中一佛性相觀知實有
是實有相亦不在有亦不在无觀此妙有如
如實相當即住心依此相處若住相處即名
清淨是清淨處住即无本住即是功是故皆

清淨是清淨處住即无本住即是動是故諸
佛如來從无本處建立一切法尒時无行菩
薩欲重宣此義而說偈言

大聖大佛尊　欲入涅槃寂　為度衆生故　說實一乘經
我住慈悲地　怜愍衆生故　於諸了義處　問佛一乘心
如來所說法　皆離於世間　入實說佛性　諸法皆清淨
離文離相處　亦不中內外　說即不可說　故名說如如
是故平等法　住在於一性　一性清淨法　本來不生滅
於空不空中　妙性常无體　解脫非解脫　本淨不染故
諸染本不著　妄著如淫污　是淫自為污　妙性常淨故
淨即无所淨　污亦无所污　淫性是為垢　垢性本相空
垢性似狂花　落樹還如故　樹性无生滅　狂花自來去
佛性本无生　離諸生滅處　无有動不動　性本常尒故

即是衆生身　一心一佛性　一佛道一場　一大菩提樹
能滿虛空界　普入衆生身　於真三寶中　同一无有二
不住質形處　亦不住空邊　入於妄有所　必竟空寂舍
本來无本處　建立一切法　教化諸衆生　使入如來藏
尒時佛見无行菩薩說偈語訖即以神力放
大光明遍照三千大千世界其光明中現十
方淨土其諸國土皆悉嚴淨具有一切園林水池
水其池水中皆有五色蓮華臺坐其一一蓮華
上各有一大城其一一大城內皆有一清淨
大摩尼寶其一一摩尼寶內有一如來座及
一千二百五十人俱其諸佛等皆爲大衆說
一乘法悉令衆生於一身中一佛一性一清
淨處住心不動不緣諸境不入諸智心如虛
空不染一切心如金剛不壞諸惑心如海水

淨處住心不動不緣諸境不入諸智心如虛
空不染一切心如金剛不壞諸戒心如海水
恒流智惠皆悉解脫解脫知見得五分法身
尒時无行菩薩及諸大衆一切衆生見是事
已心大歡喜皆住一心不緣一切入清淨處
佛即放光語諸大衆言諸行者等我欲入
涅槃寂時欲將至若我滅後五濁惡世於此經
中如說脩行觀一身心不住諸惡不離菩提
心得解脫得一乘道佛告无行菩薩言若我
滅後五濁惡世得見此經得聞此義其人即
如值佛若我滅後若有一人能於此經受持
讀誦如說脩行其心不動諸塵不觸過无
塵跡復以此經令諸衆生受持讀誦復說其
義而以教之是人雖是凡夫即是菩薩如師子

尊我於如来滅後五濁惡世閻浮提中教化
衆生說此良藥療治衆病悉令除愈復以此
經金剛慧刀剪諸衆生无明之意復以此經
清淨法杖鞭除衆生三毒之垢復以此經大
智力士解脫衆生十纏之縛復以此經大智
法船運度衆生令至彼岸復以此經一性清
淨法令諸衆生皆得一身一心一佛一性一清
淨決定入一乘決定出地獄世尊若我不
能救度衆生令諸衆生入諸地獄即爲是我
滅沒佛身唯願世尊以此佛法付囑於我爲
我更說廣度衆生之法令諸衆生少聞多解
少見多知不求多文以取證義於少法中必定
解脫无餘疑問願佛慈悲爲我宣說佛告大衆

解脱无餘疑悶願佛慈悲為我宣說佛告大衆
是法王菩薩已曾供養百千万億劫諸佛善
能方便救度衆生是菩薩能以一味甘露椄
續衆生之命汝等衆生及未来者若當受持
是菩薩名者復令大善知識轉讀此经廣說
其義若有疾病皆悉得除諸惡獸神无能
近者菩薩汝有如是利益衆生我以此经付囑
於汝亦為汝說救度衆生之法少聞多解少
見多知不求多文以取證義汝等菩薩皆悉
一心諦聽為汝宣說一切衆生皆一心一佛
一性一切煩惱皆一心生皆從境智二處緣
起何以故以緣性自性二種性力起二種力
性從一念妄心生是妄心无本若一念動時

心无念若心无念心即不動心若不動亦无
住心是名清淨清淨空心體性清淨无淨可
證離諸清淨故說清淨菩薩於清淨心中无
作无起无垢无淨无增无減必竟不染不在
一處離名數故常尒不尒由如金剛不壞一
性猶如虛空客受一切由如蓮華不著愛水
若行此行必定解脫超生死流出地獄苦菩
薩此一心法一名懺悔解脫見實諦故二名
法行解脫住一處故三名无行解脫无住著
故此三解脫皆一心生一切衆生无二心故一
切衆生皆一乘故佛告法王菩薩言善男
子能知一法即知一切法一法不知一切法亦
不知何以故諸法无不一相故菩薩聞是一
者即是少聞无法不知是名多解何以故一

者即是少聞无法不知是名多解何以故一
切法性歸一淨故見是一者即見一切佛身
何以故一切佛身從一清淨處出一淨之地是
一切佛身一切佛道場一切佛菩提樹善
男子於此法中斷諸煩惱由如伐樹唯斷一
根不斷枝葉何以故辟如有人身著毒箭爲
毒箭故身受楚痛當即拔箭其痛即除若
不拔箭痛則不除待問箭毛羽是何鳥翼復
問其竹是何山出復問其箭是誰之射是人若
痛其命已終然拔其箭終知无益善男子心
若有垢當即淨心心若在淨即名清淨諸說
清淨離諸有取能入无取何以故无本无住處
常樂我淨故无本无住真如真實不離一切

常一故一亦不一離名數故善男子六風不動
大樹恒安一性金剛二見不起有无不在住
妙常空无生惠劒剪諸煩惱空解无㝵降
伏自心魔王不生惡賊不起善男子於經此
中求實諦者如種一栽不種枝葉但養其根
若得生者花葉自出我此妙法亦復如是由
如一阿摩勒菓種此一菓即得无窮之菓我
說此法於諸法中最為第一於諸乘中最為大
乘法王是故此經名為法王又以此經付囑法
王菩薩故名法王汝等大衆持是經者即
脫諸難若當持者如在在處處持何以故佛
性常於心中豁𡨋空寂內禪真實清淨金剛

性常扵心中豁寮空寂內禪真實清淨金剛
六入城門常如如界在不在處在空處中汝
等大衆皆悉勿語時欲將至欲入涅槃是經
名涅槃莊嚴般若波羅蜜无㝵解脫佛說語
已尒時大衆皆得涅槃般若波羅蜜空脫无
㝵尒時法王菩薩從地投起即扵本處入
涅槃會空解脫扵无著地舉是下是皆遊
清淨合掌向佛作礼而去

法王經一卷

BD00630　法王經

BD00631 金有陀羅尼經

136.5cm × 26.1cm

金有陁羅尼經
如是我聞一時薄伽梵住如蘇籍與
又大將金剛手俱
尒時天帝百施往世尊所到已頂礼佛足退
坐一面坐一面已天帝百施白佛言世尊我
入戰陣而闘戰時以阿修羅幻惑呪術
藥力墮於負處而知已不唯然願世尊
慈愍於我為令摧伏阿脩羅衆幻惑呪術
及藥力故善說最勝大密之呪時薄伽
梵告天帝百施日憍尸加如是如是與阿
脩羅而鬪戰時實以明呪秘密藥力而
墮負處憍尸加為衰陸故今說明呪欲令
幻惑明呪退散鬪戰諍訟悲皆消滅一切秘

幻惑明呪退散[illegible]掌言言[illegible]
呪及諸藥等而得斷除說於明呪
尒時薄伽梵說大金有明呪之日我今為
說三無數劫諸餘外道行者遍遊裸形而
起惡思作諸鄣㝵我從彼來所有幻惑一
切明呪悉能降伏六度圓滿斷除諸餘外道行
者遍遊裸形諸惱亂回明呪秘呪藥及一切
諸魔明黨大明之呪憍尸迦汝當攝受
諸有情故受持最勝大秘密呪天帝白言
如是世尊唯然受教尒時世尊即說金有大
明呪曰
怛也他唵　希你希你　希離希離　命離命離
希明離　你希你希　你希囉秘你　乾佐那波羖
哺羖抱哆滿怛囉　阿地訖梨鞨　閉羖閉羖

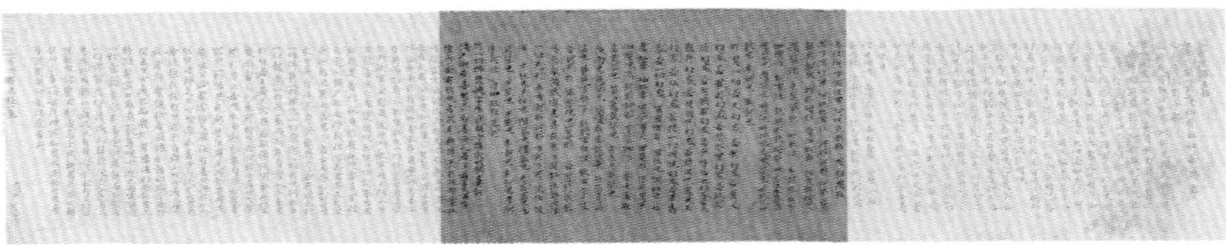

哺羝抱哆滿怛囉阿地訖梨鷄　閇羝閇羝
閇哆滿怛囉　阿地迦囉羝　訶那訶那　訶婆訶婆
嚫馱嚫馱　頻那頻那　簿伽跋羝　佐弋秘佐弋
攢婆你　恚談婆你　畔馱你　牟訶你阿牟
伽爍羝　馱囉你　訖梨那訖梨那　加々榡摩那婆
攢婆也　攢婆也　畔佐也畔佐也恚々嗷々婆々也々　畔馱也畔
馱也　牟訶也　牟訶也
所有一切菩天幻惑　菩龍　幻惑菩藥叉
幻惑菩羅刹幻惑菩緊那羅幻惑菩乹闥
婆幻惑菩阿脩羅幻惑菩莫呼洛迦幻惑菩大
腹行幻惑菩持明呪幻惑菩持明呪成就王
幻惑菩仙幻惑菩持一切明呪幻惑菩犀牛幻
惑菩一切幻惑　囉囉囉囉　囉佐也囉佐也　始
菩薩　菩薩　菩薩　[illegible]

磨姪磨 姪姪磨 囉婆囉婆 囉婆耶 作劍蘭單
伽蘭他你 訶耶訶耶 薩婆鞞哆 奢咄嚧難
悉談婆也 婆尸悉談婆也 秀近悉談婆也
薩南悉談婆也 婆嚧難悉談婆也 惡你留悉談
婆也 鬱乾哆梨哆 梨馱囉羝惟 馱羅亭波
奢訶悉粒 薛奢他也也婆世耶 若有於我能
爲惡發諸賊嗔恚具極惡心鬬諍極諍欲作
一切无利益者 訶耶訶耶 哆訶哆訶 波佐波
佐 半佐也半佐也 攢婆也攢婆也 悉談婆也悉
談婆也 半馱也 半馱也 牟訶也牟訶也摩訶
牟訶你 薄伽跋羝莎訶
於一切怖畏嬈惱疾疫願守護我叭馱莎訶
憍尸迦若善男子若善女人若王若王大臣能
憶此金有明呪者彼无他怖畏於彼部黨他

憶此金有明呪者彼无他怖畏於彼部黨他
所敵軍不能很惱亦非天亦非龍亦非藥叉
亦非乾闥婆亦非阿修羅亦非緊那羅亦非莫
呼洛迦亦非持明呪者亦非飛空母等亦不
非時而捨壽命明呪秘呪一切諸藥不能為害
他所敵軍不能很遠他所敵軍而不傷命刀
不能害水火毒藥明呪秘呪一切諸藥而不
能很還善於彼自作教他隨喜造罪彼
之處所憍尸迦是淨故信苾芻苾芻尼烏波
索迦烏波斯迦善男子善女人等以此明呪呪
水七遍自洗其身能讓於身若有欲令於
一切怖畏一切燒惱一切疾疫一切明呪一切秘呪
一切諸藥一切獸蠱而超過者當念此金有
明呪若王若王大臣若欲催他軍衆伏他軍

衆亦當念此金有明呪若呪線七遍作七結已
繫於身上若呪水七遍能護自身若有書
寫於一切怖畏无鄣㝵陁羅尼或能受持或
繫旗下若置高幢入軍陣者善安得脫以此
明呪威神之力内族眷屬善安超過亦成能成
若欲催伏諸明呪者於白線上呪七遍已作七
結者能繫催伏若欲催伏諸幻惑者取塚
間土呪七遍已而散擲者能催幻惑論議之
時欲禁其口取秦菽蘿呪七遍已而嗌嚼者
一切言論悉能對荅受持讀誦而稱讚者
一切諸罪悉皆消滅却往於彼造作之者及
思惟所成繫於繩及求自護者於彼身上一切明
呪秘呪諸藥不能害為亦成辦者悉能成辦
彼所求事一切順從時薄伽梵說是語已天帝

彼所求事一切順從時薄伽梵說是語已天帝
百施聞佛所說信受奉行

金有陀羅尼經一卷

BD00632

金剛般若波羅蜜經

（後秦）鳩摩羅什 譯

360.5cm × 26.5cm

菩提
心所有一切衆生之類
生若化生若有色若无
非有想若非无想我皆
度之如是滅度无量无數无
生得滅度者何以故須菩提若菩薩有我相
人相衆生相壽者相即非菩薩
復次須菩提菩薩於法應无所住行於布施
所謂不住色布施不住聲香味觸法布施須
菩提菩薩應如是布施不住於相何以故若
菩薩不住相布施其福德不可思量須菩提
於意云何東方虛空可思量不不也世尊須

也世尊須菩提菩薩无住相布施福德亦復
如是不可思量須菩提菩薩但應如所教住
須菩提於意云何可以身相見如來不不也
世尊不可以身相得見如來何以故如來所
說身相即非身相佛告須菩提凡所有相
皆是虛妄若見諸相非相則見如來
須菩提白佛言世尊頗有衆生得聞如是
言說章句生實信不佛告須菩提莫作是說如
來滅後後五百歲有持戒脩福者於此章句
能生信心以此爲實當知是人不於一佛二
佛三四五佛而種善根已於无量千万佛所
種諸善根聞是章句乃至一念生淨信者須
菩提如來悉知悉見是諸衆生得如是无量
福德何以故是諸衆生无復我相人相衆生

菩提如來悉知悉見是諸衆生得如是无量
福德何以故是諸衆生无復我相人相衆生
相壽者相无法相亦无非法相何以故是諸
衆生若心取相則爲著我人衆生壽者若取
法相即著我人衆生壽者何以故若取非法
相即著我人衆生壽者是故不應取法不應
取非法以是義故如來常説汝等比丘知我
説法如筏喻者法尚應捨何况非法
須菩提於意云何如來得阿耨多羅三藐三
菩提耶如來有所説法耶須菩提言如我解
佛所説義无有定法名阿耨多羅三藐三菩
提亦无有定法如來可説何以故如來所説
法皆不可取不可説非法非非法所以者何

須菩提於意云何若人滿三千大千世界七
寶以用布施是人所得福德寧為多不須菩
提言甚多世尊何以故是福德即非福德性
是故如來說福德多若復有人於此經中受
持乃至四句偈等為他人說其福勝彼何以
故須菩提一切諸佛及諸佛阿耨多羅三藐
三菩提法皆從此經出須菩提所謂佛法者
即非佛法
須菩提於意云何須陁洹能作是念我得須
陁洹果不須菩提言不也世尊何以故須陁
洹名為入流而无所入不入色聲香味觸法
是名須陁洹須菩提於意云何斯陁含能作
是念我得斯陁含果不須菩提言不也世尊
何以故斯陁含名一往來而實无往來是名

是念我得斯陁含果不須菩提言不也世尊
何以故斯陁含名一往来而實无往来是名
斯陁含須菩提於意云何阿那含能作是念
我得阿那含果不須菩提言不也世尊何以
故阿那含名為不来而實无来是故名阿那
含須菩提於意云何阿羅漢能作是念我得
阿羅漢道不須菩提言不也世尊何以故實
无有法名阿羅漢世尊若阿羅漢作是念我
得阿羅漢道即為著我人衆生壽者世尊佛
説我得无諍三昧人中最為第一是第一離
欲阿羅漢我不作是念我是離欲阿羅漢世
尊我若作是念我得阿羅漢道世尊則不説
須菩提是樂阿蘭那行者以須菩提實无所

於法有所得不世尊如來在然燈佛所於法
實无所得須菩提於意云何菩薩莊嚴佛土
不不也世尊何以故莊嚴佛土者則非莊嚴
是名莊嚴是故須菩提諸菩薩摩訶薩應如
是生清淨心不應住色生心不應住聲香味
觸法生心應无所住而生其心須菩提譬如
有人身如須弥山王於意云何是身為大不
須菩提言甚大世尊何以故佛說非身是名
大身須菩提如恒河中所有沙數如是沙等
恒河於意云何是諸恒河沙寧為多不須菩
提言甚多世尊但諸恒河尚多无數何況其
沙須菩提我今實言告汝若有善男子善女

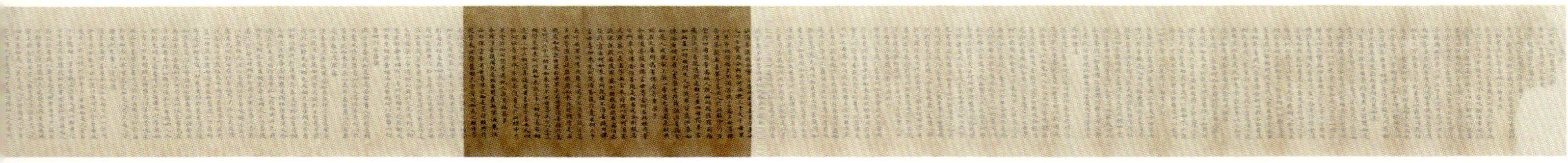

沙須菩提我今實言告汝若有善男子善女
人以七寶滿尒所恒河沙數三千大千世界
以用布施得福多不須菩提言甚多世尊佛
告須菩提若善男子善女人於此經中乃至
受持四句偈等為他人說而此福德勝前福
德復次須菩提隨說是經乃至四句偈等當
知此處一切世間天人阿脩羅皆應供養如
佛塔廟何況有人盡能受持讀誦須菩提當
知是人成就最上第一希有之法若是經典
所在之處則為有佛若尊重弟子
尒時須菩提白佛言世尊當何名此經我等
云何奉持佛告須菩提是經名為金剛般若
波羅蜜以是名字汝當奉持所以者何須菩
則非般若波羅蜜須菩

提於意云何如來有所說法不[illegible]
言世尊如來无所說須菩提於意云何三千
大千世界所有微塵是爲多不須菩提言甚
多世尊須菩提諸微塵如來說非微塵是名
微塵如來說世界非世界是名世界須菩提於意
云何以三十二相見如來不不也世尊不可以三十二
相得見如來何以故如來說三十二相即是非相
是名三十二相須菩提若有善男子善女人以
恒河沙等身命布施若復有人於此經中乃
至受持四句偈等爲他人說其福甚多
尒時須菩提聞說是經深解義趣涕淚悲泣
而白佛言希有世尊佛說如是甚深經典我
從昔來所得慧眼未曾得聞如是之經世尊

而白佛言希有世尊佛說如是甚深經典我
從昔来所得慧眼未曾得聞如是之經世尊
若復有人得聞是經信心清淨則生實相當
知是人成就苐一希有功德世尊是實相者
則是非相是故如来說名實相世尊我今得
聞如是經典信解受持不足為難若當来世
後五百歲其有衆生得聞是經信解受持是
人則為苐一希有何以故此人无我相人相
衆生相壽者相所以者何我相卽是非相人
相衆生相壽者相卽是非相何以故離一切
諸相則名諸佛
佛告須菩提如是如是若復有人得聞是經
不驚不怖不畏當知是人甚為希有何以故

是名第一波羅蜜
須菩提忍辱波羅蜜如來說非忍辱波羅蜜
何以故須菩提如我昔為歌利王割截身體
我於尒時无我相无人相无衆生相无壽者
相何以故我於往昔節節支解時若有我相
人相衆生相壽者相應生瞋恨須菩提又念
過去於五百世作忍辱仙人於尒所世无我
相无人相无衆生相无壽者相是故須菩提
菩薩應離一切相發阿耨多羅三藐三菩提
心不應住色生心不應住聲香味觸法生心
應生无所住心若心有住則為非住是故佛
說菩薩心不應住色布施須菩提菩薩為利
益一切衆生應如是布施如來說一切諸相
即是非相又說一切衆生則非衆生須菩提

BD00632　金剛般若波羅蜜經

益一切衆生應如是布施如來說一切諸相
即是非相又說一切衆生則非衆生須菩提
如來是真語者實語者如語者不誑語者不
異語者須菩提如來所得法此法无實无虛
須菩提若菩薩心住於法而行布施如人入
闇則无所見若菩薩心不住法而行布施如
人有目日光明照見種種色須菩提當來之
世若有善男子善女人能於此經受持讀誦
則為如來以佛智慧悉知是人悉見是人皆
得成就无量无邊功德
須菩提若有善男子善女人初日分以恒河
沙等身布施中日分復以恒河沙等身布施
後日分亦以恒河沙等身布施如是无量百

心不逆其福勝彼何况書寫受持讀誦為人
解說須菩提以要言之是經有不可思議不
可稱量无邊功德如來為發大乘者說為發
最上乘者說若有人能受持讀誦廣為人說
如來悉知是人悉見是人皆得成就不可量
不可稱无有邊不可思議功德如是人等則
為荷擔如來阿耨多羅三藐三菩提何以故
須菩提若樂小法者著我見人見衆生見壽
者見則於此經不能聽受讀誦為人解說須
菩提在在處處若有此經一切世間天人阿
脩羅所應供養當知此處則為是塔皆應恭
敬作礼圍繞以諸華香而散其處
復次須菩提善男子善女人受持讀誦此經
若為人輕賤是人先世罪業應墮惡道以今

復次須菩提善男子善女人受持讀誦此經
若為人輕賤是人先世罪業應墮惡道以今
世人輕賤故先世罪業則為消滅當得阿耨
多羅三藐三菩提須菩提我念過去无量阿
僧祇劫於然燈佛前得值八百四千万億那
由他諸佛悉皆供養承事无空過者若復有
人於後末世能受持讀誦此經所得功德於
我所供養諸佛功德百分不及一千万億分乃
至筭數譬喻所不能及須菩提若善男子善
女人於後末世有受持讀誦此經所得功德我
若具說者或有人聞心則狂亂狐疑不信須菩
提當知是經義不可思議果報亦不可思議
尒時須菩提白佛言世尊善男子善女人發

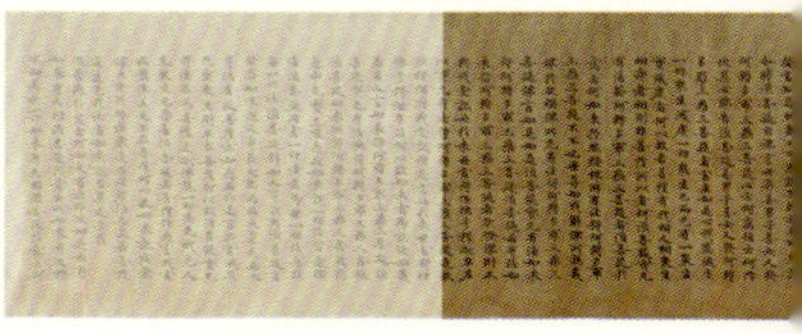

伏其心佛告須菩提善男子善女人發阿耨
多羅三藐三菩提者當生如是心我應滅度
一切衆生滅度一切衆生已而无有一衆生
實滅度者何以故若菩薩有我相人相衆生
相壽者相則非菩薩所以者何須菩提實无
有法發阿耨多羅三藐三菩提者須菩提於
意云何如來於然燈佛所有法得阿耨多羅
三藐三菩提不不也世尊如我解佛所說義
佛於然燈佛所无有法得阿耨多羅三藐三
菩提佛言如是如是須菩提實无有法如來
得阿耨多羅三藐三菩提須菩提若有法如
來得阿耨多羅三藐三菩提者然燈佛則不
與我受記汝於來世當得作佛号釋迦牟尼
以實无有法得阿耨多羅三藐三菩提是故

與我受記汝於來世當得作佛号釋迦牟尼
以實无有法得阿耨多羅三藐三菩提是故
然燈佛與我受記作是言汝於來世當得作
佛号釋迦牟尼何以故如來者即諸法如義
若有人言如來得阿耨多羅三藐三菩提須
菩提實无有法佛得阿耨多羅三藐三菩提
須菩提如來所得阿耨多羅三藐三菩提於
是中无實无虛是故如來說一切法皆是佛
法須菩提所言一切法者即非一切法是故
名一切法須菩提辟如人身長大須菩提言
世尊如來說人身長大則為非大身是名大
身須菩提菩薩亦如是若作是言我當滅度
无量衆生則不名菩薩何以故須菩提實无

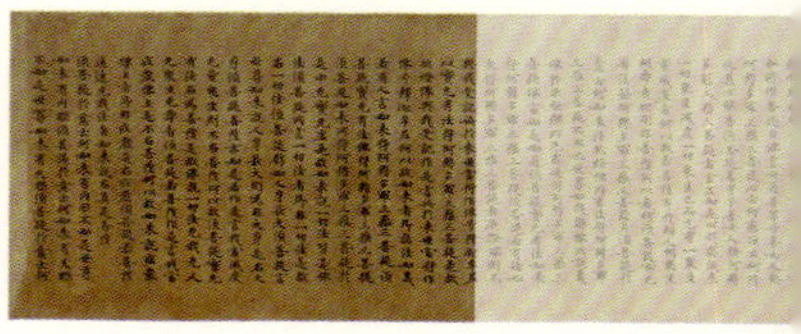

莊嚴佛土是不名菩薩何以故如來說莊嚴
佛土者即非莊嚴是名莊嚴須菩提若菩薩
通達无我法者如來說名真是菩薩
須菩提於意云何如來有肉眼不如是世尊
如來有肉眼須菩提於意云何如來有天眼
不如是世尊如來有天眼須菩提於意云何

BD00632　金剛般若波羅蜜經

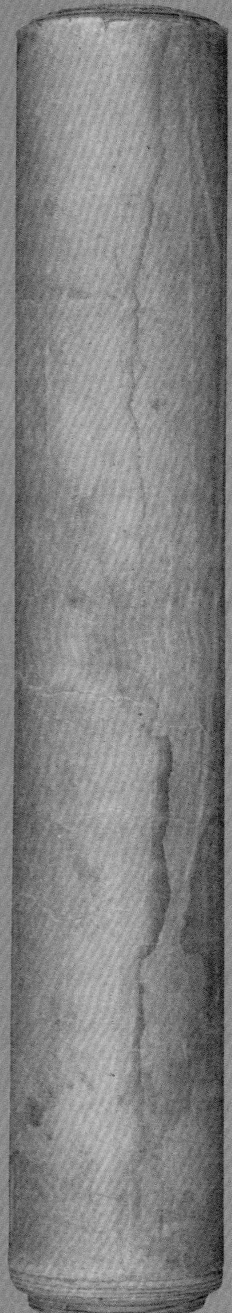

BD00633　佛名經（二十卷本）卷五

892.5cm×26.6cm

佛說佛名經卷第五

南无稱親佛　南无堅固自在王佛
南无无量照佛　南无安隱王佛
南无普一切德增上雲聲佛　南无大積佛
南无高積佛　南无一切德王光明佛
南无堅積聚佛　南无寶勝光明佛
南无憂鉢羅光明作佛　南无月佛
南无旃檀佛　南无月勝佛
南无梵佛　南无行淨佛
南无一切勝佛　南无難勝佛
南无寶作佛　南无无量聲佛

南无日天佛　南无日[illegible]佛
南无垢明佛　南无世間天佛
南无勝積佛　南无人自在恭敬佛
南无華勝佛　南无發精進佛
南无火妙香光明勝佛　南无无垢香火勝佛
南无善見佛　南无不動佛
南无寶幢佛　南无无量明佛
南无妙寶聲佛　南无遍照佛
南无智光明王佛　二千四百　南无摩尼光明勝佛
南无无量善光明善勝慧佛　南无盧舍那佛
南无智慧自在佛　南无水聚日佛
南无火然燈佛　南无月光明佛
南无无鄣導智佛　南无華香佛

南无无鄣㝵智佛　南无華香佛
南无寶光明佛　南无蔓陁羅香喜佛
南无拘隣智安佛　南无大月香佛
南无華幢佛　南无无勞智佛
餘如是等无量億毗婆羅佛　南无寶作佛
南无憂勝佛　南无寶山佛
南无人王佛　南无力勝佛
南无香勝佛　南无普滿華佛
南无无垢光明佛　南无樂說莊嚴思惟佛
南无无垢月幢佛　南无俱蘇摩光明王佛
南无大行佛　南无寶上佛
南无无畏觀佛　南无遠離諸怖畏毛竪等喜稱佛

若善男子善女人一心[illegible]
遠離一切諸難及滅一劫罪
南无善說增上名勝佛　南无普光明佛
南无過種種獻對奮迅佛　南无自在幢王佛
南无量功德光明勝佛　南无无鄣号佛
南无寶波頭摩奮迅勝佛　南无寶花善住山自在王佛
若善男子善女人受持讀誦是諸佛名一阿
僧祇劫超越世間不入惡道
南无智燈佛　南无光明佛
南无難降伏佛　南无普照十方世界佛
南无大海佛　南无寶藏佛
南无銀幢佛　南无幢日王佛
南无威德自在王佛　南无覺王佛

南无威德自在王佛　南无覺王佛
南无十方自在佛　南无平等作佛
南无初發心思惟遠離諸怖畏煩惱无㝵妙勝佛
南无金剛足步佛　南无寶像光明足奮迅佛
南无降伏諸魔髮奮迅佛　南无初發心不退轉成就勝佛
南无寶蓋上光明佛　南无教化菩薩佛
南无發心斷一切疑煩惱佛　南无樂說莊嚴雲聲奮音佛
南无光明勝破闇三昧勝上王佛
南无清淨音定光明威德王佛
南无拘留孫佛
南无金聖佛　南无人王佛
南无迦葉佛　南无弥勒佛

南无堅□佛　南无□□佛

南无善星宿佛　南无大王佛

南无大辟佛　南无大力佛

南无星宿王佛　南无藥佛

南无稱幢佛　南无大光明佛

南无大聖佛　南无照佛

南无日藏佛　南无月炎佛

南无善明佛　南无无憂佛

南无一沙佛　南无明佛

南无住持鷃佛　南无功德明佛

南无見義佛　南无然燈佛

南无妙歌佛　南无藥佛

南无安隱佛　南无貭堅勝威德佛

BD00633　佛名經（二十卷本）卷五

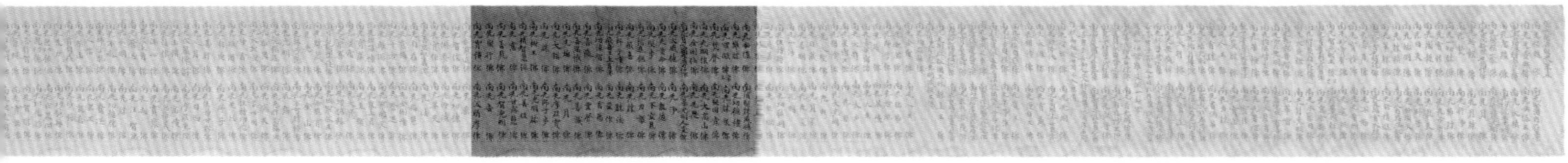

南无安隱佛　南无質堅勝威德佛
南无難勝佛　南无功德幢佛
南无羅睺佛 五千　南无勝衆佛
南无梵聲佛　南无堅固意佛
南无光明作佛　南无大高山佛
南无金剛仙佛　南无无畏佛
南无寶波頭摩眼力仙佛　南无華光明人愛佛
南无大威德佛　南无淨佛
南无无量命佛　南无龍德佛
南无堅步佛　南无不空見佛
南无精進德佛　南无力讓佛
南无歡喜佛　南无勝佛
南无師子幢佛　南无勝[illegible]佛

南无功德智佛　南无香象佛
南无善觀佛　南无雲聲佛
南无善思惟佛　南无善識佛
南无无垢佛　南无月佛
南无大稱佛　南无摩尼寶佛
南无勝佛　南无師子步佛
南无樹王佛　南无光明勝佛
南无積智慧佛　南无善住佛
南无意佛　南无甘露慧佛
南无善見佛　南无智光明佛
南无堅行佛　南无吉佛
南无寶幢佛　南无波頭摩佛

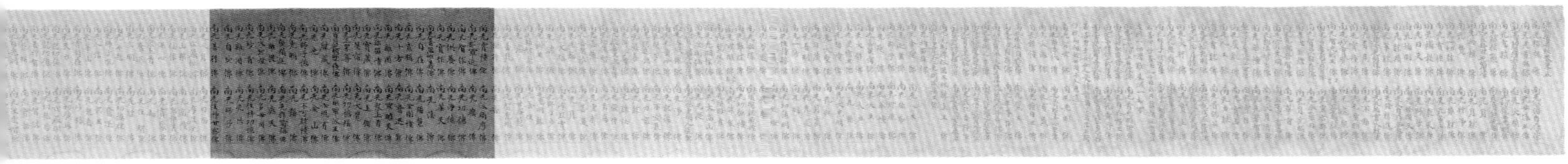

南无寶幢佛　南无波頭摩佛
南无那羅延佛　南无樂佛
南无智作佛　南无功德佛
南无供養佛　南无淨德佛
南无寶作佛　南无華天佛
南无善思惟義佛　南无法佛
南无自在佛　南无稱慧佛
南无意稱佛　南无金剛幢佛
南无十方佛　南无奮迅佛
南无離闇佛　南无羅睺天佛
南无弥留幢佛　南无衆上首佛
南无寶藏佛　南无上脩佛

南无日月光明師子幢佛　南无毗羅波王佛
南无勝藏佛　南无示現有佛
南无光佛　南无金山佛
南无師子德佛　南无不可勝幢佛
南无光明佛　南无稱佛
南无堅精進佛　南无无譬喻稱佛
南无離畏佛　南无應天佛
南无火然燈佛　南无多世間佛
南无妙香佛　南无住持功德佛
南无離闇佛　南无无比佛
南无自然佛　南无師子佛
南无善行佛　南无住持甘露佛

南无善行佛　南无住持甘露佛
南无人月佛　南无日面佛
南无莊嚴佛訢　南无摩尼光佛
南无山積佛　南无高幢佛
南无法作佛　南无思惟義佛
南无深心佛　南无寶聚佛
南无衆上首佛　南无劫佛
南无奮迅佛　南无住智佛
南无多明佛　南无勝佛
南无不起佛　南无功德勝佛
南无師子吼佛　南无奮迅佛
南无人信佛　南无龍王佛

南无音自在佛　南无妙[illegible]佛
南无天力佛　南无功德鳥佛
南无龍功德佛　南无莊嚴眼佛
南无龍功德佛　南无功德鳥佛
南无善行智佛　南无智勝佛
南无慧照佛　南无寶語佛
南无日光明佛　南无決定智佛
南无寶上色佛　南无普照佛
南无寶幢佛　南无離疑佛
南无師子奮迅步佛　南无善護佛
南无不空步佛　南无覺華幢佛
南无山自在王佛　南无大威德佛
南无示現惡佛　南无甘露稱佛

南无六現惡佛　南无甘露稱佛
南无寶天佛　南无任義智佛
南无滿足智佛　南无不狭步名稱佛
南无无憂佛　南无離垢佛
南无梵天佛　南无地自在王佛
南无差別見佛　南无華眼佛
南无法光明佛　南无具足見佛
南无信功德佛　南无三界尊佛
南无月葉佛　南无寶光明佛
南无寶幢佛　南无妙稱佛
南无光明作佛　南无无量威德佛
南无廣佛　南无師子身佛

南无得大勢至佛　南无无量步佛
南无月无畏佛　南无見一切義佛
南无勇猛佛　南无功德然燈佛
南无月佛　南无功德炎佛
南无廣智佛　南无善寂滅佛
南无天佛　南无无垢佛
南无住持无量明佛　南无希勝佛
南无不空藏佛　南无善住佛
南无意佛　南无上首佛
南无世間光明佛　南无多功德佛
南无无量威德佛　南无義慧佛
南无離塵佛 二千七百　南无義瞋恨无熱佛

南无離塵佛 二千七百　南无義瞋恨无热佛
南无善稱佛　南无稱德佛
南无俱蘇摩德佛　南无人德佛
南无精進仙佛　南无大德佛
南无寂慧佛　南无香象佛
南无堅佛　南无安樂佛
南无不可勝佛　南无雷佛
南无大勝佛　南无讓智佛
南无日佛　南无成就義佛
南无寶積佛　南无降伏怨佛
南无華勝佛　南无應稱佛
南无智步佛　南无離憍佛

南无月佛　南无多功德佛
南无寶月佛　南无師子幢佛
南无樂思惟佛　南无不可思議奮迅佛
南无樂功德佛　南无應供稱佛
南无華相佛　南无无量樂說稱佛
南无摩尼金剛佛　南无无量壽佛
南无摩尼莊嚴佛　南无大自在功德佛
南无勝佛　南无高山稱佛
南无百光明佛　南无歡喜佛
南无龍步佛　南无意成就佛
南无寶月佛　南无寂滅佛
南无燃炬王佛　南无上首佛

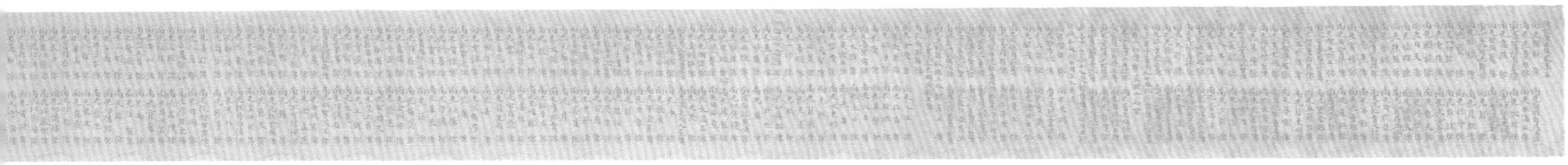

南无燃炬王佛　南无上首佛
南无歡喜自在佛　南无寶髻佛
南无遠離畏佛　南无寶藏佛
南无月面佛　南无无垢稱佛
南无稱威德佛　南无愛天佛
南无日月佛　南无雷佛
南无羅睺天佛　南无善炎佛
南无寶愛佛　南无師子華佛
南无寶步佛　南无佛无寶聚佛
南无高脩佛　南无人自在佛
南无人慧佛　南无照世間佛
南无寶威德佛　南无功德佛
南[illegible]目佛　南[illegible]佛

南无无心慧佛　南无弥留憶佛
南无善香佛　南无堅鎧佛
南无勝威德佛　南无摩尼鎧佛
南无賢佛　南无善香月佛
南无淨自在佛　南无師子月佛
南无勝威德佛　南无善勝佛
南无不可勝輪佛　南无勝親佛
南无寶名佛　南无大行佛
南无高光明佛　南无功德山佛
南无大稱佛　南无法稱佛
南无施光明佛　南无雲德佛
南无寶作佛　南无命佛

南无寶作佛　南无命佛
南无善炎佛　辛首　南无善首佛
南无決定慧佛　南无離有佛
南无摩尼香佛　南无勝喜佛
南无師子光明佛　南无香照佛
南无稱勝佛　南无善智慧佛
南无摩尼月佛　南无高光佛
南无不可降伏行佛　南无大佛
南无摩尼輪佛　南无世尊佛
南无師子像佛　南无月佛
南无寶炎佛　南无羅睺佛
南无善護佛　南无希覺佛

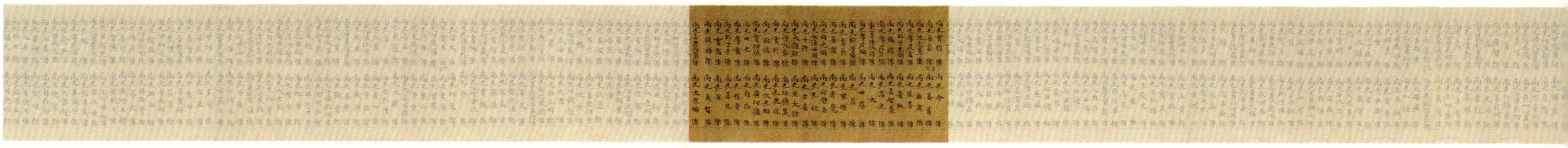

[illegible]佛　[illegible]

南无十行佛　南无力喜佛

南无火體勝佛　南无至大體佛

南无得大勢佛　南无功德藏佛

南无實行佛　南无无畏勝佛

南无樹提佛　南无大光明佛

南无寶功德佛　南无廣功德佛

南无田光佛　南无自在佛

南无摩香佛　南无作業佛

南无師子手佛　南无善花佛

南无寶高佛　南无海佛

南无住持佛　南无義智佛

南无善思惟慧佛　南无大衆輪佛

南无善思惟慧佛　南无大衆輪佛
南无寶火佛　南无脩行義佛
南无世間月佛　南无華聲佛
南无淨幢佛　南无大衆上首佛
南无師子步佛　南无威德佛
南无福德成就佛　南无大光明佛
南无寶稱佛　南无信衆佛
南无无邊稱佛　南无不空光明佛
南无聖大佛　南无金剛衆佛
南无善堅佛　南无幢佛
南无華成佛　南无鎧慧佛
南无風行佛　南无善思惟佛

南无寶□佛　南无功德言佛
南无義去佛　南无无畏佛
南无慈佛　南无任分別佛
南无摩尼足佛　南无解脫威德佛
南无善報佛　南无善莊平等威德佛
南无智勝佛　南无善天佛
南无寶聲佛　南无智力德佛
南无師子慧佛　南无華高佛
南无智作佛　南无華德佛
南无功德藏佛　南无寶稱佛
南无寶稱佛　南无不可降伏佛
南无无畏自在佛　南无淨佛
南无諸天佛　南无何愛佛

南无諸天佛　南无何愛佛
南无寶天佛 二千九百　南无寶藏佛
南无功德稱佛　南无智積佛
南无清白佛　南无遠行佛
南无天威德佛　南无淨聖佛
南无喜去佛　南无大憂威德佛
南无炎聚佛　南无大勝佛
南无華佛　南无自在幢佛
南无大愛佛　南无善心佛
南无降伏他衆佛　南无勇猛佛
南无成就佛　南无威德佛
南无善思義境界佛　南无善辟佛

南无寶聲佛　南无金剛仙佛
南无成就佛　南无師子力佛
南无无垢明佛　南无迦葉佛
南无清淨智佛　南无智步佛
南无高威德佛　南无大光明佛
南无日光明佛　南无无垢身佛
南无差別身佛　南无差別威德佛
南无不可皆露鉢佛　南无月光明電德佛
南无寂滅去佛　南无不動佛
南无多稱佛　南无功德法佛
南无歡喜无畏佛　南无莊嚴王佛
南无妙稱佛　南无多奚佛

BD00633　佛名經（二十卷本）卷五

南无妙稱佛　南无多炎佛
南无華勝佛　南无莊嚴佛
南无善賢佛　南无寶妙佛
南无善智慧佛　南无善賢德佛
南无梵幢佛　南无月蓋佛
南无羅網炎佛　南无廣光明佛
南无智稱佛　南无名相佛
南无功德光明佛　南无稱名聲佛
南无漏月佛　南无華光佛
南无善行佛　南无燃燈王佛
南无電幢佛　南无光明王佛
南无星宿光佛　南无不可嫌名佛
南无波頭摩成佛　南无師子决佛

南无明[illegible]佛　南无[illegible]

南无高威德佛　南无華威德佛

南无奮迅佛　南无无郭智佛

南无羅睺天佛　南无智聚佛

南无上首佛　南无自在劫佛

南无華幢佛　南无羅睺佛

南无大乘佛　南无星宿王佛

南无明王佛　南无福德王佛

南无稱光佛　南无日光明佛

南无法藏佛　南无善智慧佛

南无功德自在劫佛　南无金剛仙佛

南无智慧積佛　南无善任佛

南无善至智慧佛 三千　南无淨聲佛

南无善至智慧佛 三十　南无淨聲佛
南无龍吼聲佛　南无桐幢佛
南无智慧聚佛　南无无畏佛
南无淨上首佛　南无快眼佛
南无龍德佛　南无寶幢佛
南无黠慧佛　南无不怯弱聲佛
南无寶相佛　南无聲德佛
南无師子佛　南无種種說佛
南无智色佛　南无波頭摩聚佛
南无華佛　南无奮迅去佛
南无華積佛　南无勝色佛
南无星宿色佛　南无月燈佛

南无喜身佛　南无智慧國土佛
南无上佛　南无淨威德佛
南无有智佛　南无真聲佛
南无尊佛　南无无鄣導藏佛
南无勝德佛　南无勝智奮迅佛
南无火炎佛　南无自在住持威德佛
南无善光明勝佛　南无善色王佛
南无成就義佛　南无師子仙佛
南无天佛　南无施佛
南无快藏佛　南无福德光明佛
南无淨佛　南无然燈王佛
南无智生佛　南无妙天佛

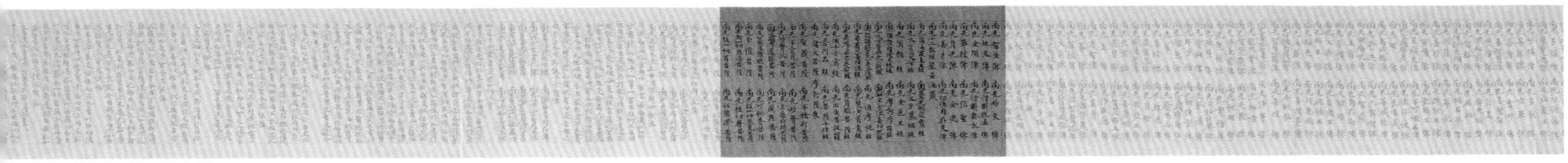

南无智生佛 南无妙天佛
南无地天佛 南无得解脱去佛
南无金頂佛 南无得解樂説佛
南无難勝佛 南无信聖佛
南无月光佛 南无金光佛
南无善才佛 南无功德自在天佛
南无十二部經般若海藏
南无諸法最上王經 南无賢光明定意經
南无太子須大拏經 南无太子慕魄經
南无須賴經 南无金色王經
南无獨證自誓三昧經 南无摩訶摩耶經
南无大方等如來藏經 南无如來方便善巧呪經

南无耆摩婆帝受記經　南无月明菩薩經
南无滅十方冥經　南无出生菩提心經
南无普門品經　南无菩薩十住經
南无諸大菩薩摩訶薩衆
南无聖藏菩薩　南无不捨行菩薩
南无不空見菩薩　南无妙聲菩薩
南无妙聲孔菩薩　南无常徹寂根菩薩
南无波頭摩道勝菩薩　南无廣思菩薩
南无憂波羅眼菩薩　南无可供養菩薩
南无常憶菩薩　南无住一切悲見菩薩
南无斷一切惡法菩薩　南无住切聲菩薩
南无住一切有菩薩　南无住佛聲菩薩

南无任一切有菩薩　南无任佛聲菩薩
南无无垢菩薩　南无勇猛德菩薩
南无淨菩薩　南无寶勝菩薩
南无聲聞緣覺一切辟支佛
南无有香辟支佛　南无見飛騰辟支佛
南无可波羅辟支佛　南无秦摩利辟支佛
南无月淨辟支佛　南无聲聞緣覺一切賢聖
南无過現未來三世諸佛歸命懺悔
次懺劫盜之業經中說言若物屬他他所
守護於此物中一草一葉不取何況盜竊
但自衆生唯見現在利故以種種不道而取
致使未來受此殃咎是故經言盜之罪能
令衆[illegible]

若生人中為他奴婢衣不蔽形食不充命貧
寠困苦人理待盡劫盜既有如是苦報是
故弟子今日歸依十方諸佛
南无東方壞諸煩惱佛　南无南方妙音自在佛
南无西方大雲光佛　南无北方雲自在王佛
南无東南方无緣莊嚴佛　南无西南方過諸魔境界佛
南无西北方見无怨懼佛　南无東北方一切德嚴佛
南无上方蓮華藏光佛　南无下方妙善住王佛
如是十方盡虛空界一切三寶
弟子自從无始以來至于今日或盜他財寶
興刃強奪或自怙恃身逼迫而取或恃公威
或假勢力高桁大械枉押良善吞納姧負孝

或假勢力高折大械枉押良善吞納欺奪
直爲曲爲此因緣身羅憲綱或任耶治領
他財物侵公益私侵私益公損彼利此損此利
彼竊他自饒口與心悋或竊沒租估偷度關
稅匿公課輸藏隱使役如是等罪今悉懺悔
弟子等從无始以來至于今日或偷佛法僧
物不與而取或經像物或治塔寺物或供養
常住僧物或擬招提僧物或盜取悮用恃勢
不
還或自借或貸人或復換貸漏忘或三寶混
乱雜用或以衆穀米樵薪鹽豉醬酢菜茹
菓實錢帛竹木繒綵幡蓋香花油燭隨情
逐意或自用或與人或摘佛花菓用僧鬘物
用三寶物[illegible]

日慚愧皆悉懺悔
又復无始以來至于今日或作周遊朋友師
僧同學父母兄弟六親眷屬共住同止百一
所須更相欺罔或於鄉隣比近移籬拓墻侵
他地宅改攔易相勇略田園因公託私奪人
邸店及以屯野如是等罪今悉懺悔
又復无始以來或攻城破邑燒村壞柵偷賣
良民誘他奴婢或復枉押无罪之人使其形
殂血刃身被徒鏁家業破散骨肉生離分張
異域生死隔絶如是等罪无量无邊今悉
發露皆當懺悔
又復无始以來至于今日或商估博貨邸店
市易輕秤小斗減割尺寸盜竊分銖欺罔

市易輕秤小斗減割尺寸盜竊分銖欺罔
圭合以麁易好以短換長巧欺百端希望
豪梨如是等罪今悉懺悔
又復无始以來至于今日穿踰墻壁斷道抄
掠觝捍債息負情違要面欺心口或非道
陵奪鬼神禽獸四生之物或假託卜相取財
物乃至以利求利惡求多求无厭无足如是等
罪无量无邊不可訖盡今日懇重向十方佛
尊法聖衆皆悉懺悔
願弟子等承是懺悔劫盜等罪所生功德
生生世世得如意寶常雨七珎上妙衣服
百味甘露種種湯藥隨意所須應念即至

棄深嗟迴向滿足檀波羅蜜
大乘蓮華寶達菩薩問答報應沙門品第廿八
寶達復前更入鐵錐地獄云何名鐵錐地獄此
地獄縱廣五十由旬鐵城周迊上有鐵網羅
覆其上猛火熒赫周遍獄中鐵錘鐵鉾遍布
其地烟火洞燃四方俱熾中有鐵錐上利刀
利如鋒鋩火從中出絶熒俱熾東門之中
有七百沙門拍手呼天唱言苦哉我今何罪
來詣其中跳踉宛轉高聲大呼馬頭羅
刹手提三鈷鐵叉望腰而鍾齊中而出擲
著鐵錐之上利刀仰刺腹背俱徹千生千死
万生万死一日一夜受罪无量從地獄出生

万生万死一日一夜受罪无量從地獄出生
於人中諸根不具
寶達問馬頭羅剎曰此沙門作何業行受
罪如是馬頭羅剎荅曰此諸沙門受佛淨
戒不求未來无上佛道但取現在名聞利
養身犯四禁八万威儀貪求信施如火得草
不知滿足坐人床座亦不如法與白衣共宿
如俗人法坐佛床上登踊師坐卧佛形像
陰涼之下以是因緣墮此地獄寶達聞之
悲泣歎曰
奇哉怪希有　解脫不下脫　奇哉怪希有　惠日墮大海
以得解脫門　還復被繫縛　寶達說偈　遂捫淚雲

佛名經卷第五

BD00634

維摩詰所説經（异卷）卷上

（後秦）鳩摩羅什 譯

654cm × 26cm

……乃為得力无不具足……逆已能隨順
……法相知眾根盖諸大眾得无……脩其心相好
嚴身色像第一捨諸世間所有醜好名稱高遠……堅固猶若
金剛法寶普照而雨甘露於眾言音微妙第一深入緣起……諸邪見有无二邊
无復餘習演法无畏猶師子吼其所講說乃如雷震无有量已過量集眾
法寶如海導師了達諸法深妙之義善知眾生往來所趣及心所行近无等
等佛自在慧十力无畏十八不共開闡一切諸惡趣門而生五道以現其身為大
醫王善療眾病應病與藥令得服行无量功德皆成就无量佛土皆嚴
淨其見聞者无不蒙益諸有所作亦不唐捐如是一切功德皆悉具足
其名曰等觀菩薩不等觀菩薩等不等菩觀薩定自在王菩薩法自在王
菩薩法相菩薩光相菩薩光嚴菩薩大嚴菩薩寶積菩薩辯積菩薩
寶手菩薩寶印手菩薩常舉手菩薩常下手菩薩常慘菩薩喜
根菩薩喜王菩薩辯音菩薩虛空藏菩薩執寶炬菩薩寶勇菩薩
寶見菩薩帝網菩薩明□菩薩无緣觀菩薩慧積菩薩寶勝菩薩

不休息菩薩妙生菩薩華嚴菩薩觀世音菩薩得大勢菩薩梵網菩
薩寶杖菩薩无勝菩薩嚴土菩薩金髻菩薩珠髻菩薩弥勒菩薩文
殊師利法王子菩薩如是等三万二千人
復有万梵天王尸棄等從餘四天下来詣佛所而聽法復有万二千天帝亦
從餘四天下来在會坐并餘大威力諸天龍神夜叉乹闥婆阿脩羅迦樓
羅緊那羅摩睺羅伽等悉来會坐諸比丘比丘尼優婆塞優婆夷俱来
會坐彼時佛與无量百之衆恭敬圍遶而為說法譬如須弥山王顯于大海安處
衆寶師子之坐蔽於一切諸来大衆
尒時毗耶離城有長者子名曰寶積與五百長者子俱持七寶蓋来詣佛所
頭面礼足各以其蓋共供養佛佛之威神令諸寶蓋合成一蓋遍覆三千大
千世界而此世界廣長之相悉於中現又此三千大千世界諸須弥山雪山目真
隣陁山摩訶真目隣陁山〻山寶香金山黒山鐵圍山大鐵圍山大海江河
川流泉源及日月星辰天宮龍宮諸尊神宮悉現於寶蓋中又十方諸佛
諸佛說法亦現於寶蓋中尒時一切大衆覩佛神力歎未曾有合掌礼佛
瞻仰尊顏目不暫捨長者子寶積即於佛前以偈頌曰

BD00634　維摩詰所説經（异卷）卷上

瞻仰尊顏目不暫捨長者子寶積即於佛前以偈頌曰

目淨脩廣如青蓮 心淨已度諸禪定 久積淨業稱无量 導衆以寂故稽首 既見大聖以神變

普現十方諸國土 其中諸佛演說法 於是一切悉見聞 法王法力超群生 常以法財施一切

能善分別諸法相 於第一義而不動 已於諸法得自在 是故稽首此法王 說法不有亦不无

以因緣故諸法生 无我无造无受者 善惡之業亦不亡 始在佛樹力降魔 得甘露滅覺道成

已无心意无受行 而悉摧伏諸外道 三轉法輪於大千 其輪本來常清淨 天人得道此為證

三寶於是現世間 以斯妙法濟群生 一受不退常寂然 度老病死大醫王 當禮法海德无邊

毀譽不動如須彌 於善不善等以慈 心行平等如虛空 孰聞人寶不敬承 今奉世尊此微蓋

於中現我三千界 諸天龍神所居宮 乾闥婆等及夜叉 悉見世間諸所有 十力哀現是化變

衆覩希有皆歎佛 今我稽首三界尊 大聖法王衆所歸 淨心觀佛靡不欣 各見世尊在其前

斯則神力不共法 佛以一音演說法 衆生隨類各得解 皆謂世尊同其語 斯則神力不共法

佛以一音演說法 衆生各各隨所解 普得受行獲其利 斯則神力不共法 佛以一音演說法

或有恐畏或歡喜 或生厭離或斷疑 斯則神力不共法 稽首十力大精進 稽首已得无所畏

稽首住於不共法 稽首一切大導師 稽首能斷衆結縛 稽首已到於彼岸 稽首能度諸世間

稽首永離生死道 悉知衆生來去相 善於諸法得解脫 不著世間如蓮華 常善入於空寂行

耨多羅三藐三菩提心願聞得佛國土清淨唯願世尊說諸菩薩
淨土之行佛言善哉寶積乃能爲諸菩薩問於如來淨土之行諦聽
諦聽善思念之當爲汝說於是寶積及五百長者子受教而聽佛
言寶積衆生之類是菩薩佛土所以者何菩薩隨所化衆生而取佛土
隨所調伏衆生而取佛土隨諸衆生應以何國入佛智慧而取佛土
隨諸衆生應以何國起菩薩根而取佛土所以者何菩薩取於淨
國皆爲饒益諸衆生故譬如有人欲於空地造立宮室隨意无导
若於虛空終不能成菩薩如是爲成就衆生故願取佛國願取佛國
者非於空也
寶積當知直心是菩薩淨土菩薩成佛時不諂衆生來生其國深心
是菩薩淨土菩薩成佛時具足功德衆生來生其國大乘心是菩
薩淨土菩薩成佛時大乘衆生來生其國布施是菩薩淨土菩薩成
佛時一切能捨衆生來生其國持戒是菩薩淨土菩薩成佛時行
十善道滿願衆生來生其國忍辱是菩薩淨土菩薩成佛時三十
二相莊嚴衆生來生其國精進是菩薩淨土菩薩成佛時勤脩一切

善道滿願衆生来生其國忍[illegible]
二相莊嚴衆生来生其國精進是菩薩淨土菩薩成佛時勤脩一切
功德衆生来生其國禪定是菩薩淨土菩薩成佛時攝心不乱衆生来
生其國智慧是菩薩淨土菩薩成佛時正定衆生来生其國四无量
心是菩薩淨土菩薩成佛時成就慈悲喜捨衆生来生其國四攝
法是菩薩淨土菩薩成佛時觧脫所攝衆生来生其國方便是菩
薩淨土菩薩成佛時於一切法方便无㝵衆生来生其國卅七道品是
菩薩淨土菩薩成佛時念處正勤神足根力覺道衆生来生其
國迴向心是菩薩淨土菩薩成佛時得一切具足功德國土說除八
難是菩薩淨土菩薩成佛時國土无有三惡八難自守戒行不譏
彼闕是菩薩淨土菩薩成佛時國土无有犯禁之名十善是菩薩
淨土菩薩成佛時命不中夭大富梵行所言誠諦常以耎語眷屬不
離善和諍訟言必饒益不嫉不恚正見衆生来生其國如是寳積菩
薩隨其直心則能發行隨其發行則得深心隨其深心則意調伏
隨意調伏則如說行隨如說行則能迴向隨其迴向則有方便隨其方
便則成就衆生隨成就衆生則佛土淨隨佛土淨則說法淨隨說法

尒時舍利弗承佛威神作是念若菩薩心淨則佛土淨我世尊本為菩薩
時意豈不淨而是佛土不淨若此佛知其念即告之言於意云何日月
豈不淨耶而盲者不見對曰不也世尊是盲者過非日月咎舍利弗
衆生罪故不見如來佛國嚴淨非如來咎舍利弗我此淨土而汝
不見尒時螺髻梵王語舍利弗勿作是意謂此佛土以為不淨所以
者何我見釋迦牟尼佛土清淨譬如自在天宮舍利弗言我見此土
丘陵坑坎荆蕀沙礫土石諸山穢惡充滿螺髻梵言仁者心有高下
不依佛慧故見此土為不淨耳舍利弗菩薩於一切衆生悉皆平
等深心清淨依佛智慧則能見此佛土清淨於是佛以足指按地
即時三千大千世界若干百千珎寶嚴飾譬如寶莊嚴佛无量
功德寶莊嚴土一切大衆歎未曾有而皆自見坐寶蓮華佛告舍
利弗汝且觀是佛土嚴淨舍利弗言唯然世尊本所不見本所
不聞今佛國土嚴淨悉現佛語舍利弗我佛國土常淨若此為
欲度斯下劣人故示是衆惡不淨土耳譬如諸天共寶器食隨
其福德飯色有異如是舍利弗若人心淨便見此土功德莊嚴當

其福德飯色有異如是舍利弗若人心淨便見此土功德莊嚴當
佛現此國土嚴淨之時寶積所將五百長者子皆得无生法忍八万
四千人發阿耨多羅三藐三菩提心佛攝神足於是世界還復如故
求聲聞乘三万二千天及人知有為法皆悉无常遠塵離垢得法
眼淨八千比丘不受諸法漏盡意解

方便品第二

尒時毗耶離大城中有大長者名維摩詰已曾供養无量諸佛深殖
善本得无生忍辯才无导遊戲神通逮諸總持獲无所畏降魔勞
怨入深法門善於智度通達方便大願成就明了衆生心之所趣又能
分別諸根利鈍久於佛道心已純淑決定大乘諸有所作能善思量
住佛威儀心大如海諸佛咨嗟弟子釋梵世主所敬欲度人故以善
方便居毗耶離資財无量攝諸貧民奉戒清淨攝諸毀禁以忍
調行攝諸恚怒以大精進攝諸懈怠一心禪寂攝諸亂意以決定
慧攝諸无智雖為白衣奉持沙門清淨律行雖處居家不著三界
示有妻子常脩梵行現有眷屬常樂遠離雖服寶飾而以

持正法攝諸長幼一切治生諧偶雖獲俗利不以喜悅遊諸四衢饒益
衆生入治正法救護一切入講論處導以大乘入諸學堂誘開童蒙
入諸婬舍示欲之過入諸酒肆能立其志若在長者長者中尊為說勝
法若在居士居士中尊斷其貪著若在剎利剎利中尊教以忍辱若
在婆羅門婆羅門中尊除其我慢若在大臣大臣中尊教以正法若
在王子王子中尊示以忠孝若在內官內官中尊化正宮女若在
庶民庶民中尊令興福力若在梵天梵天中尊誨以勝慧若在帝
釋帝釋中尊示現无常若在護世護世中尊護諸衆生長者維
摩詰以如是等无量方便饒益衆生其以方便現身有疾以其疾
故國王大臣長者居士婆羅門等及諸王子并餘官屬无數千人皆
往問疾其往者維摩詰因以身疾廣為說法諸仁者是身无常无強
无力无堅速朽之法不可信也為苦為惱衆病所集諸仁者如此身
明智所不怙是身如聚沫不可撮摩是身如泡不得久立是身如焰從
渴愛生是身如芭蕉中无有堅是身如幻從顛倒起是身如夢
為虛妄見是身如影從業緣現是身如響屬諸因緣是身如浮雲

BD00634　維摩詰所說經（异卷）卷上

為虛妄見是身如影從業緣現是身如響屬諸因緣是身如浮雲
須臾變滅是身如電念念不住是身无主為如地是身无我為如火
是身无壽為如風是身无人為如水是身不實四大為家是身為空
離我我所是身无知如草木瓦礫是身无作風力所轉是身不淨
穢惡充滿是身為虛偽雖假以澡浴衣食必歸磨滅是身為災百一
病惱是身如丘井為老所逼是身无定為要當死是身如毒蛇如怨賊如
空聚陰界諸入所共合成諸仁者此可患厭當樂佛身所以者何佛身
者即法身也從无量功德智慧生從戒定慧解脫解脫知見生從慈
悲喜捨生從布施持戒忍辱柔和勤行精進禪定解脫三昧多聞
智慧諸波羅蜜生從方便生從六通生從三明生從卅七道品生從止
觀生從十力四无所畏十八不共法生從斷一切不善法集一切善法
生從真實生從不放逸生從如是无量清淨法生如來諸仁者欲得
佛身斷一切衆生病者當發阿耨多羅三藐三菩提心如是長者
維摩詰為諸問疾者如應說法令无數天子天女皆發阿耨多羅三藐
三菩提心

告舍利弗汝行詣維摩詰問疾舍利弗白佛言世尊我不堪任詣
彼問疾所以者何憶念昔者曾於林中宴坐樹下時維摩詰來謂我
言唯舍利弗不必是坐為宴坐也夫宴坐者不於三界現身意是為
宴坐不起滅定而現諸威儀是為宴坐不捨道法而現凡夫事是為
宴坐心不住內亦不在外是為宴坐於諸不見不動而脩行卅七品
是為宴坐不斷煩惱而入涅槃是為宴坐若能如是坐者佛所印可
時我世尊聞是語已嘿然而止不能加報故我不任詣彼問疾
佛告大目揵連汝行詣維摩詰問疾目連白佛言世尊我不堪任詣
彼問疾所以者何憶念我昔入毗耶離大城於里巷中為諸居士
說法時維摩詰來謂我言唯大目連為白衣居士說法不當如仁者
所說夫說法者當如法說法无衆生離衆生垢故法无有我離我
垢故法无壽命離生死故法无有人前後際斷故法常寂然滅諸相故
法離於相无所緣故法无名字言語斷故法无有說離覺觀故
法无形相如虛空故法无戲論畢竟空故法无我所離我所故法
无分別離諸識故法无有比无相待故法不屬因不在緣故法

无分別離諸識故法无有比无相待故法不屬因不在緣故法
同法性入諸法故法隨於如无所隨故法住實際諸邊不動故
法无動搖不依六塵故法无去來常不住故法順空隨无相應无作
法離好醜法无增損法无生滅法无所歸法過眼耳鼻舌身心法
无高下法常住不動法離一切觀行唯大目連法相如是豈可說乎
夫說法者无說无示其聽法者无聞无得譬如幻士為幻人說
法當建是意而為說法當了衆生根有利鈍善於知見无所
罣㝵以大悲心讚于大乘念報佛恩不斷三寶然後說法維摩
詰說是法時八百居士發阿耨多羅三藐三菩提心我无此辯
是故不任詣彼問疾
佛告大迦葉汝行詣維摩詰問疾迦葉白佛言世尊我不堪任
詣彼問疾所以者何憶念我昔於貧里而行乞食時維摩詰來謂我
言唯大迦葉有慈悲心而不能普捨豪富從貧乞迦葉住平等法
應次行乞食為不食故應行乞食為壞和合相故應取揣食為不受故
應受彼食以空聚相入於聚落所見色與盲等所聞聲與響等所

法以一食施一切供養諸佛及衆賢聖然後可食如是食者非
有煩惱非離煩惱非入定意非起定意非住世間非住涅槃其有施者
无大福无小福不為益不為損是為正入佛道不依聲聞迦葉若如是食
者為不空食人之施也時我世尊聞說是語得未曾有即於一切菩
薩深起敬心復作是念斯有家名辯才智慧乃能如是其誰不
發阿耨多羅三藐三菩提心我從是來不復勸人以聲聞辟支佛
行故我不任詣彼問疾
佛告須菩提汝行詣維摩詰問疾須菩提白佛言世尊我不堪
任詣彼問疾所以者何憶念我昔入其舍從乞食時維摩詰取我鉢
盛滿飯謂我言唯須菩提若能於食等者諸法亦等諸法等
者於食亦等如是行乞乃可取食若須菩提不斷婬怒癡亦不與俱
不壞於身而隨一相不滅癡愛起於明脫以五逆相而得解脫亦不
解不縛不見四諦非不見諦非得果非不得果非凡夫非離凡夫
法非聖人非不聖人雖成就一切法而離諸法相乃可取食若須菩
提不見佛不聞法彼外道六師富蘭那迦葉末伽梨拘賖梨子

提不見佛不聞法彼外道六師富蘭那迦葉末伽梨拘賒梨子
删闍夜毗羅胝子阿耆多翅舍欽婆羅迦羅鳩馱迦旃延尼揵陀若
提子等是汝之師因其出家彼師所墮汝亦隨墮乃可取食若須
菩提入諸耶見不到彼岸住於八難不得无難同於煩惱離清
淨法汝得无諍三昧一切衆生亦得是定其施汝者不名福田供養
汝者墮三惡道為與衆魔共一手作諸勞侶汝與衆魔及諸
塵勞等无有異於一切衆生而起怨心謗諸佛毀於法不入衆數
終不得滅度汝若如是乃可取食時我世尊聞此茫然不識是何
言不知以何荅便置鉢欲出其舍維摩詰言唯須菩提取鉢勿
懼於意云何如來所作化人若以是事詰寧有懼不我言不也
維摩詰言一切諸法如幻化相汝今不應有所懼也所以者何一切言
說不離是相至於智者不著文字故无所懼何以故文字性離
无有文字是則解脫解脫相者則諸法也維摩詰說是法時二百
天子得法眼淨故我不任詣彼問疾
佛告富樓那弥多羅尼子汝行詣維摩詰問疾富樓那白佛言

定觀此人心然後說法无以穢食置於寶器當知是比丘心之所念无以
琉璃同彼水精汝不能知衆生根原无得發起以小乘法彼自无瘡勿
傷之也欲行大道莫示小徑无以大海内於牛跡无以日光等彼螢火
唯富樓那此比丘久發大乘心中忘此意如何以小乘法而教道之我
觀小乘智慧微淺猶如盲人不能分別一切衆生根之利鈍時維
摩詰即入三昧令此比丘自識宿命曾於五百佛所殖衆得本迴向
阿耨多羅三藐三菩提即時豁然還得本心於是諸比丘稽首礼
維摩詰足時維摩詰因為說法於阿耨多羅三藐三菩提不復退
轉我念聲聞不觀人根不應說法是故不任詣彼問疾
佛告摩訶迦旃延汝行詣維摩詰問疾迦旃延白佛言世尊我不
堪任詣彼問疾所以者何憶念昔者佛為諸比丘略說法要我即於
後敷演其義謂无常義苦義空義无我義寂滅義時維摩詰
来謂我言唯迦旃延无以生滅心行說實相法迦旃延諸法畢竟不生
不滅是无常義五受陰洞達空无所起是苦義諸法究竟无所有是
空義於我无我而不二是无我義法本不然今則无滅是寂滅義說

空義於我无我而不二是无我義法本不然今則无滅是寂滅義說
是法時彼諸比丘心得解脫故我不任詣彼問疾
佛告阿那律汝行詣維摩詰問疾阿那律白佛言世尊我不堪
任詣彼問疾所以者何憶念我昔於一處經行時有梵王名曰嚴淨
與萬梵俱放淨光明來詣我所稽首作礼問我言幾何阿那律天
眼所見我即答言仁者吾見此釋迦牟尼佛土三千大千世界如觀掌
中菴摩勒果時維摩詰來謂我言唯阿那律天眼所見為作相
耶无作相耶假使作相則與外道五通等若无作相即是无為不應
有見世尊我時嘿然彼諸梵聞其言得未曾有即為作礼而問
曰世孰有真天眼者維摩詰言有佛世尊得真天眼常在三昧悉
見諸佛國不以二相於是嚴淨梵王及其眷屬五百梵天皆發阿耨多
羅三藐三菩提心礼維摩詰足已忽然不現故我不任詣彼問疾
佛告優波離汝行詣維摩詰問疾優波離白佛言世尊我不堪任
詣彼問疾所以者何憶念昔者有二比丘犯律行以為耻不敢問佛
來問我言唯優波離我等犯律誠以為耻不敢問佛願解疑悔得免

不在中間如佛所説心垢故衆生垢心淨故衆生淨心亦不在内不
在外不在中間如其心然罪垢亦然諸法亦然不出於如如優波
離以心相得解脱時寧有垢不我言不也維摩詰言一切衆生心
相无垢亦復如是唯優波離忘想是垢无妄想是淨顛倒是垢
无顛倒是淨取我是垢不取我是淨是優波離一切法生滅不住
如幻如電諸法不相待乃至一念不住諸法皆妄見如夢如焔
如水中月如鏡中像以妄想生其知此者是名奉律其知此者是
名善解於是二比丘言上智者哉是優波離所不及持律之
上而不能説我荅言自捨如來未有聲聞及菩薩能其制
樂説之辯其智慧明達為若此也時二比丘疑悔即除發阿
耨多羅三藐三菩提心作是願言令一切衆生皆得是辯故我
不任詣彼問疾
佛告羅睺羅汝行詣維摩詰問疾羅睺羅白佛言世尊我不堪任詣
彼問疾所以者何憶念昔時毗耶離諸長者子來詣我所稽首作礼
問我言唯羅睺羅汝佛之子捨轉輪王位出家為道其出家

彼問疾所以者何[illegible]
問我言唯羅睺羅汝佛之子捨轉輪王位出家為道其出家
者有何等利我即如法為說出家功德之利時維摩詰來謂我言
唯羅睺羅不應說出家功德之利所以者何无利无功德是為出
家有為法者可說有利有功德夫出家者為无為法无為法中
无利无功德羅睺羅夫出家者无彼无此亦无中閒離六十
二見處於涅槃智者所受聖所行處降伏衆魔度五道淨五眼
得五力立五根不惱於彼離衆雜惡摧諸外道超越假名出淤泥
无繫著无我所无所受无擾亂內懷喜護彼意隨禪定離衆
過若能如是是真出家於是維摩詰語諸長者子言汝等於正
法中宜共出家所以者何佛世難值諸長者子言居士我聞佛
言父母不聽不得出家維摩詰言然汝等便發阿耨多羅三藐
天之
北白文可譯
三菩提心是即出家是即具[足]
多羅三藐三[菩提心]是
佛告阿難汝
彼問疾所以者何

摩詰言止止阿難莫作是語如來身者金剛之體諸惡已斷衆善
普會當有何疾當有何惱嘿往阿難勿謗如來莫使異人聞
此麁言无令大威德諸天及他方淨土諸來菩薩得聞斯語阿難轉
輪聖王以少福故尚得无病豈況如來无量福會普勝者哉行
矣阿難勿使我等受斯恥也外道梵志若聞此語當作是念何名
為師自疾不能救而能救諸疾人可密速去勿使人聞當知阿
難諸如來身即是法身非思欲身佛為世尊過於三界佛身无
漏諸已盡佛身无為不墮諸數如此之身當有何疾時我世尊
聞此語已實懷慚愧得无近佛而謬聽耶即聞空中聲曰阿難如居
士言但為佛出五濁惡世現行斯法度脫衆行矣阿難取乳勿慚世
尊維摩詰智慧辯才為若此也是故不任詣彼問疾
如是五百大弟子各各向佛說其本緣稱述維摩詰所言皆曰不任
詣彼問疾

菩薩品第四

於是佛告彌勒菩薩汝行詣維摩詰問疾彌勒白佛言世尊我不
堪任詣彼問疾所以者何憶念我昔為兜率天王及其眷屬說不退

BD00634　維摩詰所説經（异卷）卷上

於是佛告彌勒菩薩汝行詣維摩詰問疾彌勒白佛言世尊我不
堪任詣彼問疾所以者何憶念我昔為兜率天及其眷屬說不退
轉地之行時維摩詰來謂我言彌勒世尊授仁者記一生當得阿得
阿耨多羅三藐三菩提為用何生得受記乎過去耶未來耶現在耶
若過去生過去生已滅若未來生未來生未至若現在生現在生
无住如佛所說比丘汝今即時亦生亦老亦滅若以无生得受記者
无生即是正位於正位中亦无受記亦无得阿耨多羅三藐三菩
提者云何彌勒受一生記乎為從如生得受記耶為從如滅得受記
耶若以如生得受記者如无有生若以如滅得受記者如无有滅一
切衆生皆如也一切法亦如也衆聖賢亦如也至於彌勒亦如也若
彌勒得受記者一切衆生亦應受記所以者何夫如者不二不
異若彌勒得阿耨多羅三藐三菩提者一切衆生皆亦應得所以
者何一切衆生即菩提相若彌勒滅度者一切衆生亦當滅度
所以者何諸佛知一切衆生畢竟寂滅即涅槃相不復更滅是故彌
勒无以此法誘諸天子實无發阿耨多羅三藐三菩提心者亦无

故不行是菩提无憶念故斷是菩提捨諸見故離是菩提離
諸忘想故鄣是菩提鄣諸願故不入是菩提无貪著故順是菩
提順於如故住是菩提住法性故至是菩提至實際故不二是菩
提離法意故等是菩提等虛空故无為是菩提无生住滅故
智是菩提了知衆生心行不會是菩提諸入不會故不合是菩
提離煩惱習无處是菩提无形色故假名是菩提名字空故
如化是菩提无取捨故无亂是菩提常自靜故善寂是菩提性
清淨故无取是菩提離攀緣故无異是菩提諸法等故无比是
菩提无可喻故微妙是菩提諸法難知故世尊維摩詰說是語
時二百天子得无生法忍故我不任詣彼問疾
佛告光嚴童子汝行詣維摩詰問疾光嚴白佛言世尊我不堪任
詣彼問疾所以者何憶念我昔出毗耶離大城時維摩詰方入城我
即為作礼而問言居士從何所來答我言吾從道場來我問道場
者何所是答曰直心是道場无虛假故發行是道場能辦事故
深心是道場增益功德故菩提心是道場无錯謬故布施是道

深心是道場增益功德故菩提心是菩提无錯謬故布施是道
場不望報故持戒是道場得願具足故忍辱是道場於諸衆
生心无礙故精進是道場不懈退故禪定是道場心調柔故智
慧是道場現見諸法故慈是道場等衆生故悲是道場忍疲苦
故喜是道場悅樂法身捨是道場憎愛斷故神通是道場成就
六通故解脫是道場能背捨故方便是道場教化衆生故四攝是
道場攝衆生故多聞是道場如聞行故伏心是道場正觀諸法故
卅七品是道場捨有為故法諦是道場不誑世間故緣起是道場
无明乃至老死皆无盡故諸煩惱是道場知如實故衆生是道
場知无我故一切法是道場知諸法空故降魔是道場不傾動故三
界是道場无所趣故師子吼是道場无所畏故力无畏不共法是道
場无諸過故三明是道場无餘礙故一念知一切法是道場成就一切
智故如是善男子菩薩若應諸波羅蜜教化衆生諸有所作舉足下
足皆從道場來住於佛法矣說是法時五百天人皆發阿耨多羅
三藐三菩提心故我不任詣彼問疾

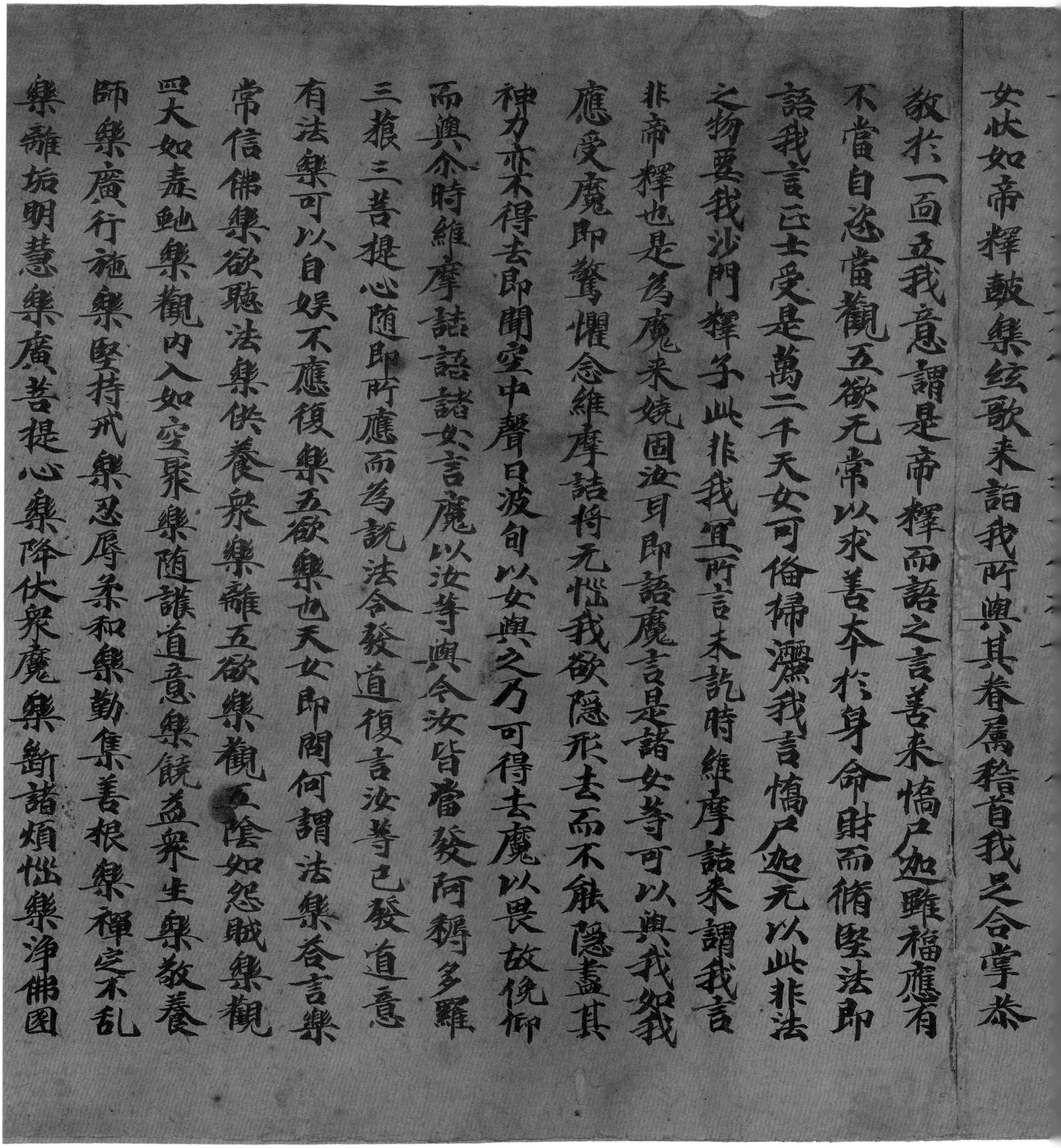

女伏如帝釋皷樂絃歌來詣我所與其眷屬稽首我足合掌恭
敬於一面立我意謂是帝釋而語之言善來憍尸迦雖福應有
不當自恣當觀五欲无常以求善本於身命財而脩堅法即
語我言正士受是萬二千天女可備掃灑我言憍尸迦无以此非法
之物要我沙門釋子此非我宜所言未訖時維摩詰來謂我言
非帝釋也是為魔來嬈固汝耳即語魔言是諸女等可以與我如我
應受魔即驚懼念維摩詰將无惱我欲隱形去而不能隱盡其
神力亦不得去即聞空中聲曰波旬以女與之乃可得去魔以畏故俛仰
而與尒時維摩詰語諸女言魔以汝等與今汝皆當發阿耨多羅
三藐三菩提心隨即所應而為說法令發道意復言汝等已發道意
有法樂可以自娛不應復樂五欲樂也天女即問何謂法樂荅言樂
常信佛樂欲聽法樂供養衆樂離五欲樂觀五陰如怨賊樂觀
四大如毒虵樂觀內入如空聚樂隨護道意樂饒益衆生樂敬養
師樂廣行施樂堅持戒樂忍辱柔和樂勤集善根樂禪定不乱
樂離垢明慧樂廣菩提心樂降伏衆魔樂斷諸煩惱樂淨佛國

BD00634　維摩詰所説經（异卷）卷上

樂離垢明慧樂廣菩提心樂降伏衆魔樂斷諸煩惱樂淨佛國
土樂成就相好故脩諸功德樂莊嚴道場樂聞深法不畏樂三脫門
不樂非時樂近同學樂於非同學中心无恚礙樂將護惡知識樂
近善知識樂心喜清淨樂脩无量道品之法是為菩薩法樂於是
波旬告諸女言我欲與汝俱還天宮諸女言以我等與此居士有法樂
我等甚樂不復於五欲樂也魔言居士可捨此女一切所有施於彼者是
為菩薩維摩詰言我已捨矣汝便將去令一切衆生得法願具足於是
諸女問維摩詰我等云何止於魔宮維摩詰言諸姊有法門名无盡燈
汝等當學无盡燈者譬如一燈燃百千燈冥者皆明明終不盡如是
諸姊夫一菩薩開導百千衆生令發阿耨多羅三藐三菩提心於其道
意亦不滅盡隨所說法而自增益一切善法是名无盡燈也汝等雖住
魔宮以是无盡燈令无數天子天女皆發阿耨多羅三藐三菩提心
者為報佛恩亦大饒益一切衆生尒時天女頭面礼維摩詰足隨魔
還宮忽然不現世尊維摩詰有如是自在神力智慧辯才故我不
任詣彼問疾

婆羅門及諸外道貧窮下賤孤獨乞人期滿七日時維摩詰來入
會中謂我言長者子夫大施會不當如汝所設當為法施之會何用是
財施會我言居士何謂法施之會法施會者无前无後一時供養一切
衆生是名法施之會何謂也謂以菩提起於慈心以救衆生以大悲心以
持正法起於喜心以攝智慧行於捨心以攝慳貪起檀波羅蜜以化犯
戒起尸波羅蜜以无我法起羼提波羅蜜以離身心相起毗梨耶
波羅蜜以菩提相起禪波羅蜜以一切智起般若波羅蜜教化衆生
而起於空不捨有為法而起无為相示現受生而起无作護持正法
起方便力以度衆生起四攝法以敬事一切起除慢法於身命財起
三堅法於六念中起思念法於六和敬起質直心正行善法起於
淨命心淨歡喜起近賢聖不憎惡人起調伏心以出家法起於深心
以如說行起於多聞以无諍法起空閑處趣向佛慧起於宴坐解衆
生縛起脩行地以具相好及淨佛土起福德知一切衆生心念如應
說法起於智業知一切法不取不捨入一相門起於慧業斷一切煩惱
一切鄣礙一切不善法起於一切善業以得一切智慧一切善法起於一

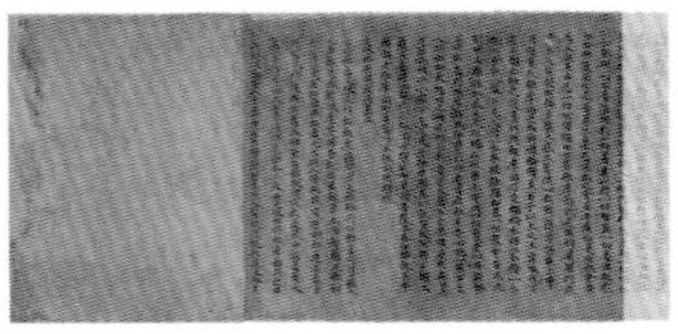

一切鄣礙一切不善法起於一切善業以得一切智慧一切善法起於一
切助佛道法如是善男子是為法施之會若菩薩住是法施會者
為大施主亦為一切世間福田世尊維摩詰說是法時婆羅門衆
中二百人皆發阿耨多羅三藐三菩提心我時心得清淨歎未曾
有稽首礼維摩詰足即解纓絡價直百千以上之不肯取我言
居士願必納受隨意所與維摩詰乃受纓絡分作二分持一分
施此會中一最下乞人持一分奉彼難勝如来一切衆會皆見光
明國土難勝如来又見珠纓在彼佛上變成四柱寶臺四面嚴飾
不相鄣蔽時維摩詰現神變已作是言若施主等心施一最下乞
人猶如如来福田之相无所分別等于大悲不求果報是則名曰具
足法施城中一最下乞人見是神力聞其所說皆發阿耨多羅三
藐三菩提心故我不任詣彼問疾如是諸菩薩各各向佛說其本
緣稱述維摩詰所言皆曰不任詣彼問疾

文殊師利問疾品第五

尒時佛告文殊汝行詣維摩詰問疾文殊師利白佛言世尊彼上

便皆已得度雖然當承佛聖旨詣彼問疾於是衆中諸菩薩大
弟子釋梵四天王等咸作是念今二大士文殊師利維摩詰共談必
說妙法即時八千菩薩五百聲聞百千天人皆欲隨從於是文殊師

BD00635 大般若波羅蜜多經卷四九四

（唐）玄奘 譯

BD00635v 勘記

396.8cm × 27.7cm

亦無所有大乘無所有故當知無量無數無邊
展轉亦無所有無量無數無邊無所有故
當知一切法亦無所有由如是義故說大乘
譬如虛空普能容受無量無數無邊有情何
以故若我乃至見者若聲聞乘獨覺乘如來
乘若虛空若大乘若無量無數無邊若一切
法如是一切皆無所有不可得故復次善現
如涅槃界普能容受無量無數無邊有情大
乘亦尒普能容受無量無數無邊有情由此
因緣故作是說譬如虛空普能容受無量無
數無邊有情大乘亦尒普能容受無量無數
無邊有情
復次善現汝作是說又如虛空無來無去無

無去亦復不住何以故以一切法若動若住
不可得故由此因緣大乘亦無來處去處住
處可得所以者何色乃至識無來無去亦復
不住色乃至識本性無來無去亦復不住色
乃至識真如無來無去亦復不住色乃至識
自性無來無去亦復不住色乃至識自相無
來無去亦復不住何以故以色乃至識本性
真如自性自相若動若住不可得故復次善
現眼處乃至意處無來無去亦復不住眼處
乃至意處本性無來無去亦復不住眼處乃
至意處真如無來無去亦復不住眼處乃至
意處自性無來無去亦復不住眼處乃至意
處自相無來無去亦復不住何以故以眼處
乃至意處本性真如自性自相若動若住不

BD00635　大般若波羅蜜多經卷四九四

乃至意處本性真如自性自相若動若住不
可得故復次善現色處乃至法處無來無去
亦復不住色處乃至法處本性無來無去亦
復不住色處乃至法處真如無來無去亦復
不住色處乃至法處自性無來無去亦復不
住色處乃至法處自相無來無去亦復不住
何以故以色處乃至法處本性真如自性自
相若動若住不可得故復次善現眼界乃至
意界無來無去亦復不住眼界乃至意界本
性無來無去亦復不住眼界乃至意界真如
無來無去亦復不住眼界乃至意界自性無
來無去亦復不住眼界乃至意界自相無來
無去亦復不住何以故以眼界乃至意界本
性真如自性自相若動若住不可得故復次

界乃至法界本性

乃至法界真如無來無去亦復不住色界乃
至法界自性無來無去亦復不住色界乃至
法界自相無來無去亦復不住何以故以色
界乃至法界本性真如自性自相若動若住不
可得故復次善現眼識界乃至意識界無來
無去亦復不住眼識界乃至意識界本性無
來無去亦復不住眼識界乃至意識界真如
無來無去亦復不住眼識界乃至意識界
自性無來無去亦復不住眼識界乃至意識界
自相無來無去亦復不住何以故以眼識界
乃至意識界本性真如自性自相若動若住
不可得故復次善現眼觸乃至意觸無來無
去亦復不住眼觸乃至意觸本性無來無
去亦復不住眼觸乃至意觸真如無來無去亦

BD00635　大般若波羅蜜多經卷四九四

去亦復不住眼觸乃至意觸真如無來無去亦
復不住眼觸乃至意觸自性無來無去亦復
不住眼觸乃至意觸自相無來無去亦復不
住何以故以眼觸乃至意觸本性真如自性
自相若動若住不可得故復次善現眼觸爲
緣所生諸受乃至意觸爲緣所生諸受無來
無去亦復不住眼觸爲緣所生諸受乃至意
觸爲緣所生諸受本性無來無去亦復不住
眼觸爲緣所生諸受乃至意觸爲緣所生諸
受真如無來無去亦復不住眼觸爲緣所生
諸受乃至意觸爲緣所生諸受自性無來無
去亦復不住眼觸爲緣所生諸受乃至意觸
爲緣所生諸受自相無來無去亦復不住何
以故以眼觸爲緣所生諸受乃至意觸爲緣

亦復不住地界乃至識界本性無來無去亦
復不住地界乃至識界真如無來無去亦復
不住地界乃至識自性無來無去亦復不
住地界乃至識界自相無來無去亦復不住
何以故以地界乃至識界本性真如自性自
相若動若住不可得故復次善現因緣乃至
增上緣無來無去亦復不住因緣乃至增上
緣本性無來無去亦復不住因緣乃至增上
緣真如無來無去亦復不住因緣乃至增上
緣自性無來無去亦復不住因緣乃至增上
緣自相無來無去亦復不住何以故以因緣
乃至增上緣本性真如自性自相若動若住
不可得故復次善現無明乃至老死無來無
去亦復不住無明乃至老死本性無來無去

去亦復不住無明乃至老死本性無來無去
亦復不住無明乃至老死真如無來無去亦
復不住無明乃至老死自性無來無去亦復
不住無明乃至老死自相無來無去亦復不
住何以故以無明乃至老死本性真如自性
自相若動若住不可得故復次善現真如乃
至不思議界無來無去亦復不住真如乃至
不思議界本性無來無去亦復不住真如乃
至不思議界真如無來無去亦復不住真如
乃至不思議界自性無來無去亦復不住真
如乃至不思議界自相無來無去亦復不住
何以故以真如乃至不思議界本性真如自
性自相若動若住不可得故復次善現斷界
離界滅界安隱界寂靜界無生界無滅界無

不住斷界乃至無爲界真如無來無去亦復
不住斷界乃至無爲界自性無來無去亦復
不住斷界乃至無爲界自相無來無去亦復
不住何以故以斷界乃至無爲界本性真如
自性自相若動若住不可得故復次善現內
空乃至無性自性空無來無去亦復不住內
空乃至無性自性空本性無來無去亦復不
住內空乃至無性自性空真如無來無去亦
復不住內空乃至無性自性空自性無來無
去亦復不住內空乃至無性自性空自相無
來無去亦復不住何以故以內空乃至無性
自性空本性真如自性自相若動若住不可
得故復次善現苦集滅道聖諦無來無去亦
復不住苦集滅道聖諦本性無來無去亦復

復不住苦集滅道聖諦本性無來無去亦復
不住苦集滅道聖諦真如無來無去亦復不
住苦集滅道聖諦自性無來無去亦復不住
苦集滅道聖諦自相無來無去亦復不住何
以故以苦集滅道聖諦本性真如自性自相
若動若住不可得故復次善現布施波羅蜜
多乃至般若波羅蜜多無來無去亦復不住
布施波羅蜜多乃至般若波羅蜜多本性無
來無去亦復不住布施波羅蜜多乃至般若
波羅蜜多真如無來無去亦復不住布施波
羅蜜多乃至般若波羅蜜多自性無來無去
亦復不住布施波羅蜜多乃至般若波羅蜜
多自相無來無去亦復不住何以故以布施
波羅蜜多乃至般若波羅蜜多本性真如自

住乃至八聖道支本性無來無去亦復不住
四念住乃至八聖道支真如無來無去亦復
不住四念住乃至八聖道支自性無來無去
亦復不住四念住乃至八聖道支自相無來
無去亦復不住何以故以四念住乃至八聖
道支本性真如自性自相若動若住不可得
故復次善現四靜慮四無量四無色定無來無
去亦復不住四靜慮四無量四無色定本性
無來無去亦復不住四靜慮四無量四無
色定真如無來無去亦復不住四靜慮四無
量四無色定自性無來無去亦復不住四靜
慮四無量四無色定自相無來無去亦復不
住何以故以四靜慮四無量四無色定本性
真如自性自相若動若住不可得故復次善

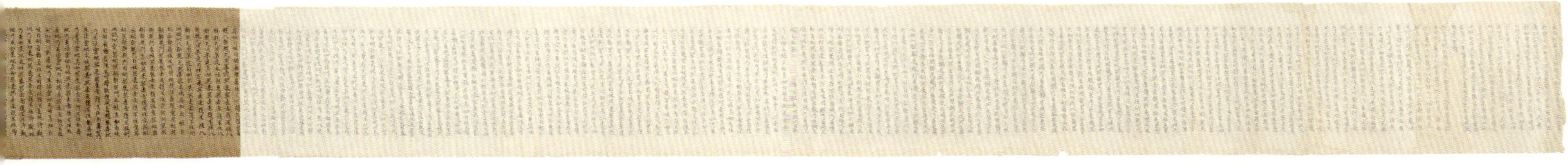

真如自性自相若動若住不可得故復次善
現八解脫九次第定無來無去亦復不住八
解脫九次第定本性無來無去亦復不住八
解脫九次第定真如無來無去亦復不住八
解脫九次第定自性無來無去亦復不住八
解脫九次第定自相無來無去亦復不住何
以故以八解脫九次第定本性真如自性自
相若動若住不可得故復次善現空無相無
願解脫門無來無去亦復不住空無相無願
解脫門本性無來無去亦復不住空無相無
願解脫門真如無來無去亦復不住空無相
無願解脫門自性無來無去亦復不住空無
相無願解脫門自相無來無去亦復不住何
以故以空無相無願解脫門本性真如自性

乃至法雲地
至法雲地本性無來無去亦復不住極喜地
乃至法雲地真如無來無去亦復不住極喜
地乃至法雲地自性無來無去亦復不住極
喜地乃至法雲地自相無來無去亦復不住
何以故以極喜地乃至法雲地本性真如自
性自相若動若住不可得故復次善現淨觀
地乃至如來地無來無去亦復不住淨觀地
乃至如來地本性無來無去亦復不住淨觀
地乃至如來地真如無來無去亦復不住淨
觀地乃至如來地自性無來無去亦復不住
淨觀地乃至如來地自相無來無去亦復不
住何以故以淨觀地乃至如來地本性真如
自性自相若動若住不可得故復次善現陁
羅尼門三摩地門無來無去亦復不住陁羅

自性自相若動若住不可得故復次善現陁
羅尼門三摩地門無来無去亦復不住陁羅
尼門三摩地門本性無来無去亦復不住陁
羅尼門三摩地門真如無来無去亦復不住
陁羅尼門三摩地門自性無来無去亦復不
住陁羅尼門三摩地門自相無来無去亦復
不住何以故以陁羅尼門三摩地門本性真
如自性自相若動若住不可得故復次善現
五眼六神通無来無去亦復不住五眼六神通
本性無来無去亦復不住五眼六神通真如
無来無去亦復不住五眼六神通自性無
来無去亦復不住五眼六神通自相無来無
去亦復不住何以故以五眼六神通本性真
如自性自相若動若住不可得故復次善現

無來無去亦復不住如來十力乃至十八佛
不共法真如無來無去亦復不住如來十力
乃至十八佛不共法自性無來無去亦復不
住如來十力乃至十八佛不共法自相無來
無去亦復不住何以故以如來十力乃至十
八佛不共法本性真如自性自相若動若住
不可得故復次善現無忘失法恒住捨性無
來無去亦復不住無忘失法恒住捨性本性
無來無去亦復不住無忘失法恒住捨性真如
無來無去亦復不住無忘失法恒住捨性自
性無來無去亦復不住無忘失法恒住捨
性自相無來無去亦復不住何以故以無忘失
法恒住捨性本性真如自性自相若動若
住不可得故復次善現一切智道相智一切

法恒住捨性本性真如自性自相若動若
住不可得故復次善現一切智道相智一切
相智無來無去亦復不住一切智道相智一
切相智本性無來無去亦復不住一切智道
相智一切相智真如無來無去亦復不住一
切智道相智一切相智自性無來無去亦復
不住一切智道相智一切相智自相無來無
去亦復不住何以故以一切智道相智一切相
智本性真如自性自相若動若住不可得故
復次善現菩薩菩薩法無來無去亦復不
住菩薩菩薩法本性無來無去亦復不住菩
薩菩薩法真如無來無去亦復不住菩薩菩
薩法自性無來無去亦復不住菩薩菩薩法
自相無來無去亦復不住何以故以菩薩菩

故復次善現[illegible]
菩提佛陁本性無來無去亦復不住菩提佛
陁真如無來無去亦復不住菩提佛陁自性
無來無去亦復不住菩提佛陁自相無來無
去亦復不住何以故以菩提佛陁本性真如
自性自相若動若住不可得故復次善現有
爲無爲無來無去亦復不住有爲無爲本性
無來無去亦復不住有爲無爲真如無來無
去亦復不住有爲無爲自性無來無去亦復
不住有爲無爲自相無來無去亦復不住何
以故以有爲無爲本性真如自性自相若動
若住不可得故善現當知由如是義故作是
說又如虛空無來無去無住可見大乘亦尒
無來無去無住可見

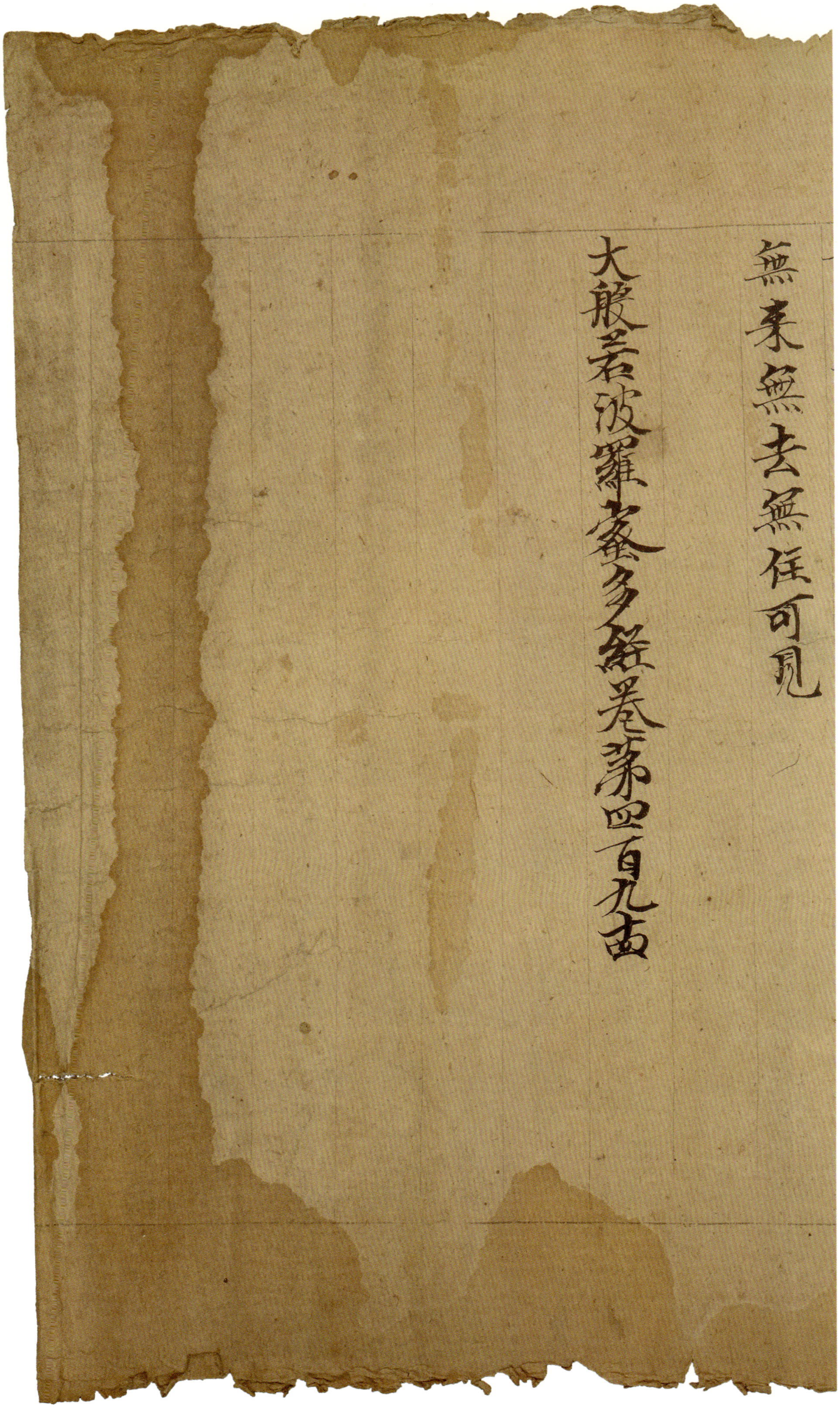

無來無去無住可見

大般若波羅蜜多經卷第四百九十四

四

BD00635v　勘記

BD00636 維摩詰所說經卷中

（後秦）鳩摩羅什 譯

BD00636v 維摩詰所說經卷中外題

1023cm × 24.5cm

尒時文殊師利汝行詣維摩詰問疾文殊師
利白佛言世尊彼上人者難為酬對深達
實相善説法要辯才无滯智慧无㝵一切菩
薩法式悉知諸佛秘藏无不得入降伏衆魔遊
戲神通其慧方便皆已得度雖然當承佛聖
旨詣彼問疾於是衆中諸菩薩大弟子釋梵四
天王咸作是念今二大士文殊師利維摩詰共
談必説妙法即時八千菩薩五百聲聞百千天
人皆欲隨從於是文殊師利與諸菩薩大弟子
衆及諸天人恭敬圍繞入毗耶離大城
尒時長者維摩詰心念今文殊師利與大衆俱
來即以神力空其室内除去所有及諸侍者唯
置一床以疾而卧文殊師利既入其舍見其室
空无諸所有獨寢一床時維摩詰言善來文殊
師利不來相而來不見相而見文殊師利言如

BD00636　維摩詰所説經卷中

師利不来相而来不見相而見文殊師利言如
是居士若来已更不来若去已更不去所以者何
来者无所從来去者无所至所可見者更不可見
且置是事居士是疾寧可忍不療治有損不
至增乎世尊殷勤致問无量居士是疾何所因
起其生久如當云何滅維摩詰言從癡有愛則
我病生以一切衆生病是故我病若一切衆生得
不病者則我病滅所以者何菩薩為衆生故入
生死有生死則有病若衆生得離病者則菩薩
无復病譬如長者唯有一子其子得病父母亦病
若子病愈父母亦愈菩薩如是於諸衆生愛之
若子衆生病則菩薩病衆生病愈菩薩亦愈又
言是病何所因起菩薩病者以大悲起文殊師利言
居士此室何以空无侍者維摩詰言諸佛國土亦復皆
空又問以何為空答曰以空空又問空何用空答曰
以无分別空故空

六十二見當於何求荅曰當於諸佛解脫中
求又問諸佛解脫當於何求荅曰當於一切
衆生心行中求又仁所問何无侍者一切衆
魔及諸外道皆吾侍也所以者何衆魔者樂
生死菩薩於生死而不捨外道者樂諸見菩
薩於諸見而不動文殊師利言居士所疾爲
何等相維摩詰言我病无形不可見又問此
病身合耶心合耶荅曰非身合身相離故亦
非心合心如幻故又問地大水大火大風大
於此四大何大之病荅曰是病非地大亦不
離地大水火風大亦復如是而衆生病從四
大起以其有病是故我病
尒時文殊師利問維摩詰言菩薩應云何慰
喻有疾菩薩維摩詰言説身无常不説猒離

BD00636　維摩詰所説經卷中

喻有疾菩薩維摩詰言說身无常不說厭離
於身說身有苦不說樂於涅槃說身无我而
說教導衆生說身空寂不說畢竟寂滅說悔
先罪而不說入於過去以己之疾愍於彼疾
當識宿世无數劫苦當念饒益一切衆生憶
所脩福念於淨命勿生憂惱常起精進當作
醫王療治衆病菩薩應如是慰喻有疾菩薩
令其歡喜
文殊師利言居士有疾菩薩云何調伏其心
維摩詰言有疾菩薩應作是念今我此病皆
從前世妄想顛倒諸煩惱生无有實法誰受
病者所以者何四大合故假名爲身四大无
主身亦无我又此病起皆由著我是故於我
不應生著既知病本即除我想及衆生想當

言我起滅時不言我滅彼有疾菩薩為滅法
想當作是念此法想者亦是顛倒顛倒者是
即大患我應離之云何為離離我我所云何
離我我所謂離二法云何離二法謂不念內
外諸法行於平等云何平等謂我等涅槃等
所以者何我及涅槃此二皆空以何為空但
以名字故空如此二法无決定性得是平等
无有餘病唯有空病空病亦空是有疾菩薩
以无所受而受諸受未具佛法亦不滅受而
取證也設身有苦念惡趣衆生起大悲心我
既調伏亦當調伏一切衆生但除其病而不
除法為斷病本而教導之何謂病本謂有攀
緣從有攀緣則有病本何所攀緣謂之三界
云何斷攀緣以无所得若无所得則无攀緣

云何斷攀緣以无所得若无所得則无攀緣
何謂无所得謂二見何謂二見謂內見外見
是无所得文殊師利是為有疾菩薩調伏其
心為斷老病死苦是菩薩菩提若不如是已
所脩治為无惠利譬如勝怨乃可為勇如是
兼除老病死者菩薩之謂也彼有疾菩薩復
應作是念如我此病非真非有眾生病亦非
真非有作是觀時於諸眾生若起愛見大悲
即應捨離所以者何菩薩斷除客塵煩惱而
起大悲愛見悲者則於生死有疲厭心若能
離此无有疲厭在在所生不為愛見之所覆
也所生无縛能為眾生說法解縛如佛所說
若自有縛能解彼縛无有是處若自无縛能
解彼縛斯有是處是故菩薩不應起縛何謂

便縛有慧方便解何謂无方便慧縛謂菩薩
以愛見心莊嚴佛土成就衆生於空无相无
作法中而自調伏是名无方便慧縛何謂有
方便慧解謂不以愛見心莊嚴佛土成就衆
生於空无相无作法中以自調伏而不疲猒
是名有方便慧解何謂无慧方便縛謂菩薩
住貪欲瞋恚耶見等諸煩惱而殖衆德本是
名无慧方便縛何謂有慧方便解謂離諸貪
欲瞋恚耶見等諸煩惱而殖衆德本迴向阿
耨多羅三藐三菩提是名有慧方便解
文殊師利彼有疾菩薩應如是觀諸法又復
觀身无常苦空非我是名為慧雖身有疾常
在生死饒益一切而不猒惓是名方便又復
觀身身不離病病不離身是病是身非新非

觀身身不離病病不離身是病是身非新非
故是名為慧設身有疾而不永滅是名方便
文殊師利有疾菩薩應如是調伏其心不住
其中亦復不住不調伏心所以者何若住不
調伏心是愚人法若住調伏心是聲聞法是
故菩薩不當住於調伏不調伏心離此二法
是菩薩行在於生死不為汙行住於涅槃不
永滅度是菩薩行非凡夫行非賢聖行是菩
薩行非垢行非淨行是菩薩行雖過魔行而
現降衆魔是菩薩行求一切智无非時求是
菩薩行雖觀諸法不生而不入正位是菩薩
行雖觀十二緣起而入諸邪見是菩薩行雖
攝一切衆生而不愛著是菩薩行雖樂遠離
而不依身心盡是菩薩行雖行三界而不壞

作而現受身是菩薩行雖行无起而起一切
善行是菩薩行雖行六波羅蜜而遍知衆生
心心數法是菩薩行雖行六通而不盡漏是
菩薩行雖行四无量心而不貪著生於梵世
是菩薩行雖行禪定解脫三昧而不隨禪生
是菩薩行雖行四念處而不永離身受心法
是菩薩行雖行四正勤而不捨身心精進是
菩薩行雖行四如意足而得自在神通是菩
薩行雖行五根而分別衆生諸根利鈍是菩
薩行雖行五力而樂求佛十力是菩薩行雖
行七覺分而分別佛之智慧是菩薩行雖行
八正道而樂行无量佛法是菩薩行雖行止
觀助道之法而不畢竟墮於寂滅是菩薩行
雖行諸法不生不滅而以相好莊嚴其身是

雖行諸法不生不滅而以相好莊嚴其身是
菩薩行雖現聲聞辟支佛威儀而不捨佛法
是菩薩行雖隨諸法究竟淨相而隨所應為
現其身是菩薩行雖觀諸佛國土永寂如空
而現種種清淨佛土是菩薩行雖得佛道轉
于法輪入於涅槃而不捨於菩薩之道是菩
薩行說是語時文殊師利所將大眾其中八
千天子皆發阿耨多羅三藐三菩提心

不思議品第六

尒時舍利弗見此室中无有牀座作是念斯
諸菩薩大弟子眾當於何坐長者維摩詰知
其意語舍利弗言云何仁者為法來耶求牀
座耶舍利弗言我為法來非為牀座維摩詰
言唯舍利弗夫求法者不貪軀命何況牀座

者不著佛求不著法求不著衆求夫求法者
无見苦求无斷集求无造盡證脩道之求所
以者何法无戲論若言我當見苦斷集證滅
脩道是則戲論非求法也唯舍利弗法名寂
滅若行生滅是求生滅非求法也法名无染
若染於法乃至涅槃是則染著非求法也法
无行處若行於法是則行處非求法也法无
取捨若取捨法是則取捨非求法也法无處
所若著處所是則著處非求法也法名无相
若隨相識是則求相非求法也法不可住若
住於法是則住法非求法也法不可見聞覺
知若行見聞覺知是則見聞覺知非求法也
法名无為若行有為是求有為非求法也是
故舍利弗若求法者於一切法應无所求説

BD00636　維摩詰所説經卷中

故舍利弗若求法者於一切法應无所求說
是語時五百天子於諸法中得法眼淨
尒時長者維摩詰問文殊師利仁者遊於无
量千万億阿僧祇國何等佛土有好上妙功
德成就師子之座文殊師利言居士東方度
卌六恒河沙國有世界名須弥相其佛号須
弥燈王今現在彼佛身長八万四千由旬其
師子座高八万四千由旬嚴餝第一於是長
者維摩詰現神通力即時彼佛遣三万二千
師子座高廣嚴好來入維摩詰室諸菩薩大
弟子釋梵四天王等昔所未見其室廣博悉
苞容三万二千師子座无所妨礙於毗耶離
城及閻浮提四天下亦不迫迮悉見如故尒
時維摩詰語文殊師利就師子座與諸菩薩

新發意菩薩及大弟子皆不能昇尒時維摩
詰語舍利弗就師子座舍利弗言居士此座
高廣吾不能昇維摩詰言唯舍利弗為須弥
燈王如來作礼乃可得坐於是新發意菩薩
及大弟子即為須弥燈王如來作礼便得坐
師子座舍利弗言居士未曾有也如是小室
乃容受此高廣之座於毗耶離城无所妨礙
又於閻浮提聚落城邑及四天下諸天龍王
鬼神宮殿亦不迫迮維摩詰言唯舍利弗諸
佛菩薩有解脫名不可思議若菩薩住是解
脫者以須弥之高廣内芥子中无所增減須
弥山王本相如故而四天王忉利諸天不覺
不知己之所入唯應度者乃見須弥入芥子
中是名不可思議解脫法門又以四大海水

BD00636　維摩詰所説經卷中

中是名不可思議解脫法門又以四大海水
入一毛孔不嬈魚鱉黿鼉水性之屬而彼大
海本相如故諸龍鬼神阿脩羅等不覺不知
己之所入於此衆生亦无所嬈又舍利弗住
不可思議解脫菩薩斷取三千大千世界如
陶家輪着右掌中擲過恒河沙世界之外其
中衆生不覺不知己之所往又復還置本處
都不使人有往來想而此世界本相如故又
舍利弗或有衆生樂久住世而可度者菩薩
即演七日以為一劫令彼衆生謂之一劫或
有衆生不樂久住而可度者菩薩即促一劫
以為七日令彼衆生謂之七日又舍利弗住
不可思議解脫菩薩以一切佛土嚴飾之事
集在一國示於衆生又菩薩以一佛土衆生

一毛孔皆令得見又十方國土所有日月星
宿於一毛孔普使見之又舍利弗十方世界
所有諸風菩薩悉能吸著口中而身无損外
諸樹木亦不摧折又十方世界劫盡燒時以
一切火内於腹中火事如故而不爲害又於
下方過恒河沙等諸佛世界取一佛土舉著
上方過恒河沙无數世界如持針鋒舉一棗
葉而无所嬈又舍利弗住不可思議解脱菩
薩能以神通現作佛身或現辟支佛身或現
聲聞身或現帝釋身或現梵王身或現世主
身或現轉輪王身又十方世界所有衆聲上
中下音皆能變之令作佛聲演出无常苦空
无我之音及十方諸佛所説種種之法皆於
其中普令得聞舍利弗我今略説菩薩不可

其中菩令得聞舍利弗我今略説菩薩不可
思議解脱之力若廣説者窮劫不盡是時迦
葉聞説菩薩不可思議解脱法門歎未曾有
謂舍利弗譬如有人於盲者前現衆色像非
彼所見一切聲聞聞是不可思議解脱法門
不能解了為若此智者聞是其誰不發阿
耨多羅三藐三菩提心我等何為永絶其根
於此大乘已如敗種一切聲聞聞是不可思
議解脱法門皆應號泣聲震三千大千世界
一切菩薩應大喜慶頂受此法若有菩薩信
解不可思議解脱門者一切魔衆无如之何
大迦葉説是語時三万二千天子皆發阿耨
多羅三藐三菩提心
尒時維摩詰語大迦葉仁者十方无量阿僧

菩薩以方[illegible]
十方无量菩薩或有人從乞手足耳鼻頭目
髓惱血肉皮骨聚落城邑妻子奴婢象馬車
乘金銀瑠璃車𤦲馬瑙珊瑚虎珀真珠珂貝
衣服飲食如此乞者多是住不可思議解脫
菩薩以方便力而往試之令其堅固所以者
何住不可思議解脫菩薩有威德力故行逼
迫示諸衆生如是難事凡夫下劣无有力勢
不能如是逼迫菩薩譬如龍象蹴蹋非驢所堪
是名住不可思議解脫菩薩智慧方便之門

觀衆生品第七

尒時文殊師利問維摩詰言菩薩云何觀於
衆生維摩詰言譬如幻師見所幻人菩薩觀
衆生爲若此如智者見水中月如鏡中見其
面像如熱時焰如呼聲響如空中雲如水聚

面像如熱時焰如呼聲響如空中雲如水聚
沫如水上泡如芭蕉堅如電久住如第五大
如第六陰如第七情如十三入如十九界菩
薩觀衆生爲若此如无色界色如燋穀牙如
須陁洹身見如阿那含入胎如阿羅漢三毒
如得忍菩薩貪恚毀禁如佛煩惱習如盲者
見色如入滅盡定出入息如空中鳥跡如石
女兒如化人煩惱如夢所見已悟如滅度者
受身如无烟之火菩薩觀衆生爲若此
文殊師利言若菩薩作是觀者云何行慈維
摩詰言菩薩作是觀已自念我當爲衆生說
如斯法是即真實慈也行寂滅慈无所生故
行不熱慈无煩惱故行等之慈等三世故行
无諍慈无所起故行不二慈内外不合故行

羅漢慈破結賊故行菩薩慈安衆生故行如
来慈得如相故行佛之慈覺衆生故行自然
慈无因得故行菩提慈等一味故行无等慈
斷諸愛故行大悲慈導以大乘故行无猒慈
觀空无我故行法施慈无遺惜故行持戒慈
化毀禁故行忍辱慈護彼我故行精進慈荷
負衆生故行禪定慈不受味故行智慧慈无
不知時故行方便慈一切示現故行无隱慈
直心清淨故行深心慈无雜行故行无誑慈
不虛假故行安樂慈令得佛樂故菩薩之慈
為若此也
文殊師利又問何謂為悲荅曰菩薩所作功
德皆與一切衆生共之何謂為喜荅曰有所
饒益歡喜无悔何謂為捨荅曰所作福祐无

饒益歡喜无悔何謂爲捨荅曰所作福祐无
所希望文殊師利又問生死有畏菩薩當何
所依維摩詰言菩薩於生死畏中當依如來
功德之力文殊師利又問菩薩欲依如來功
德之力當於何住荅曰菩薩欲依如來功德
力者當住度脫一切衆生又問欲度衆生當
何所除荅曰欲度衆生除其煩惱又問欲除
煩惱當何所行荅曰當行正念又問云何行
於正念荅曰當行不生不滅又問何法不生
何法不滅荅曰不善不生善法不滅又問善
不善孰爲本荅曰身爲本又問身孰爲本荅
曰欲貪爲本又問欲貪孰爲本荅曰虛妄分
別爲本又問虛妄分別孰爲本荅曰顛倒想
爲本又問顛倒想孰爲本荅曰无住爲本又

時維摩詰室有一天女見諸大人聞所説法
便現其身即以天華散諸菩薩大弟子上華
至諸菩薩即皆墮落至大弟子便著不墮一
切弟子神力去華不能令去尒時天問舍利
弗何故去華荅曰此華不如法是以去之天
曰勿謂此華為不如法所以者何是華无所
分別仁者自生分別想耳若於佛法出家有
所分別為不如法若无所分別是則如法觀諸
菩薩華不著者以斷一切分別想故譬如人
畏時非人得其便如是弟子畏生死故色聲
香味觸得其便已離畏者一切五欲无能為
也結習未盡華著身耳結習盡者華不著也
舍利弗言天止此室其已久如荅曰我止此
室如耆年解脫舍利弗言止此久耶天曰耆

舍利弗言天止此室其已久如答曰我止此
室如耆年解脫舍利弗言止此久耶天曰耆
年解脫亦何如久舍利弗默然不荅天曰如
何耆舊大智而默荅曰解脫者无所言說故
吾於是不知所云天曰言說文字皆解脫相
所以者何解脫者不內不外不在兩間文字
亦不內不外不在兩間是故舍利弗无離文
字說解脫也所以者何一切諸法皆是解脫
相舍利弗言不復以離婬怒癡為解脫乎天
曰佛為增上慢人說離婬怒癡為解脫耳若
无增上慢者佛說婬怒癡性即是解脫舍利
弗言善哉善哉天女汝何所得以何為證辯
乃如是天曰无得无證故辯如是所以者何
若有得有證者則於佛法為增上慢
舍利弗問天汝於三乘為何志求天曰以聲

舍利弗如人入瞻蔔林唯嗅瞻蔔不嗅餘香
如是若入此室但聞佛法功德之香不樂聲
聞辟支佛功德香也舍利弗其有釋梵四天
王諸天龍鬼神等入此室者聞斯上人講說
正法皆樂佛功德之香發心而出舍利弗吾
止此室十有二年初不聞說聲聞辟支佛法
但聞菩薩大慈大悲不可思議諸佛之法舍
利弗此室常現八未曾有難得之法何等為
八此室常以金色光照晝夜无異不以日月
所照為明是為一未曾有難得之法此室入
者不為諸垢之所惱也是為二未曾有難得
之法此室常有釋梵四天王他方菩薩來會
不絕是為三未曾有難得之法此室常說六
波羅蜜不退轉法是為四未曾有難得之法

波羅蜜不退轉法是為四未曾有難得之法
此室常作天人第一之樂絃出无量法化之
聲是為五未曾有難得之法此室有四大藏
衆寶積滿周窮濟之求得无盡是為六未曾
有難得之法此室釋迦牟尼佛阿弥陁佛阿
閦佛寶德寶焰寶月寶嚴難勝師子響一切
利成如是等十方无量諸佛是上人念時即
皆為來廣說諸佛秘要法藏說已還去是為
七未曾有難得之法此室一切諸天嚴飾宮
殿諸佛淨土皆於中現是為八未曾有難得
之法舍利弗此室常現八未曾有難得之法
誰有見斯不思議事而復樂於聲聞法乎
舍利弗言汝何以不轉女身天曰我從十二
年來求女人相了不可得當何所轉譬如幻

轉天曰一切諸法亦復如是无有定相云何
乃問不轉女身即時天女以神通力變舍利
弗令如天女天自化身如舍利弗而問言何
以不轉女身舍利弗以天女像而荅言我今
不知何轉而變為女身天曰舍利弗若能轉
此女身則一切女人亦當能轉如舍利弗非
女而現女身一切女人亦復如是雖現女身
而非女也是故佛說一切諸法非男非女即
時天女還攝神力舍利弗身還復如故天問
舍利弗女身色相今何所在舍利弗言女身
色相无在无不在天曰一切諸法亦復如是
无在无不在夫无在无不在者佛所說也舍
利弗問天汝於此沒當生何所天曰佛化所
生吾如彼生曰佛化所生非沒生也天曰衆

BD00636　維摩詰所說經卷中

生吾如彼生曰佛化所生非沒生也天曰衆
生猶然无沒生也舍利弗問天汝久如當得
阿耨多羅三藐三菩提天曰如舍利弗還爲
凡夫我乃當成阿耨多羅三藐三菩提舍利
弗言我作凡夫无有是處天曰我得阿耨多
羅三藐三菩提亦无是處所以者何菩提无
住處是故无有得者舍利弗言今諸佛得阿
耨多羅三藐三菩提已得當得如恒河沙皆
何謂乎天曰皆以世俗文字數故說有三世
非謂菩提有去來今天曰舍利弗汝得阿羅
漢道耶曰无所得故而得天曰諸佛菩薩亦
復如是无所得故而得尒時維摩詰語舍利
弗是天女曾已供養九十二億佛已能遊戲
菩薩神通所願具足得无生忍住不退轉以

尒時文殊師利問維摩詰言菩薩云何通達
佛道維摩詰言若菩薩行於非道是為通達
佛道又問云何菩薩行於非道荅曰若菩薩
行五无間而无惱恚至于地獄无諸罪垢至
于畜生无有无明憍慢等過至于餓鬼而具
足功德行色无色界不以為勝示行貪欲離
諸染着示行瞋恚於諸衆生无有恚礙示行
愚癡而以智慧調伏其心示行慳貪而捨内
外所有不惜身命示行毀禁而安住淨戒乃
至小罪猶懷大懼示行瞋恚而常慈忍示行
懈怠而勤脩功德示行亂意而常念定示行
愚癡而通達世間出世間慧示行諂僞而善
方便隨諸經義示行憍慢而於衆生猶如橋
梁示行諸煩惱而心常清淨示入於魔而順

方便隨諸經義示行憍慢而於衆生猶如橋
梁示行諸煩惱而心常清淨示入於魔而順
佛智慧不隨他教示入聲聞而爲衆生說未
聞法示入辟支佛而成就大悲教化衆生示
入貧窮而有寶手功德无盡示入形殘而具
諸相好以自莊嚴示入下賤而生佛種性中
具諸功德示入羸劣醜陋而得那羅延身一
切衆生之所樂見示入老病而永斷病根超
越死畏示有資生而恒觀无常實无所貪示
有妻妾婇女而常遠離五欲淤泥現於訥鈍
而成就辯才揔持无失示入耶濟而以正濟
度諸衆生現遍入諸道而斷其因緣現於涅
槃而不斷生死文殊師利菩薩能如是行於
非道是爲通達佛道
於是維摩詰問文殊師利何等爲如來種文

處爲種八耶法爲種九惱處爲種十不善道
爲種以要言之六十二見及一切煩惱皆是
佛種曰何謂也荅曰若見无爲入正位者不
能復發阿耨多羅三藐三菩提心譬如高原
陸地不生蓮華卑濕汙泥乃生此華如是見
无爲法入正位者終不復能生於佛法煩惱
埿中乃有衆生起佛法耳又如殖種於空終
不得生糞壤之地乃能滋茂如是入无爲正
位者不生佛法起於我見如須弥山猶能發
于阿耨多羅三藐三菩提心生佛法矣是故
當知一切煩惱爲如來種譬如不入巨海不
能得无價寶珠如是不入煩惱大海則不能
生一切智寶之心
尒時大迦葉歎言善哉善哉文殊師利快說

BD00636　維摩詰所説經卷中

尒時大迦葉歎言善哉善哉文殊師利快說
此語誠如所言塵勞之疇為如來種我等今
者不復堪任發阿耨多羅三藐三菩提心乃
至五无間罪猶能發意生於佛法而今我等
永不能發譬如根敗之士其於五欲不能復
利如是聲聞諸結斷者於佛法中无所復益
永不志願是故文殊師利凡夫於佛法有反
復而聲聞无也所以者何凡夫聞佛法能起
无上道心不斷三寶正使聲聞終身聞佛法
力无畏等永不能發无上道意尒時會中有
菩薩名普現色身問維摩詰言居士父母妻
子親戚眷屬吏民知識悉為是誰奴婢僮僕
象馬車乘皆何所在於是維摩詰以偈答曰
智度菩薩母　方便以為父　一切衆導師　无不由是生

諸度法等侶　四攝為妓女　歌詠誦法言　以此為音樂
摠持之園苑　无漏法林樹　覺意淨妙華　解脫智慧果
八解之浴池　定水湛然滿　布以七淨華　浴此无垢人
象馬五通馳　大乘以為車　調御以一心　遊於八正路
相具以嚴容　衆好飾其姿　慙愧之上服　深心為華鬘
富有七財寶　教授以滋息　如所說脩行　迴向為大利
四禪為牀座　從於淨命生　多聞增智慧　以為自覺音
甘露法之食　解脫味為漿　淨心以澡浴　戒品為塗香
摧滅煩惱賊　勇健无能踰　降伏四種魔　勝幡建道場
雖知无起滅　示彼故有生　悉現諸國土　如日无不現
供養於十方　无量億如来　諸佛及己身　无有分別想
雖知諸佛國　及與衆生空　而常脩淨土　教化於群生
諸有衆生類　形聲及威儀　无畏力菩薩　一時能盡現
覺知衆魔事　而示隨其行　以善方便智　隨意皆能現

諸有衆生類　形聲及威儀　无畏力菩薩　一時能盡現
覺知衆魔事　而示隨其行　以善方便智　隨意皆能現
或示老病死　成就諸群生　了知如幻化　通達无有礙
或現劫盡燒　天地皆洞然　衆人有常想　照令知无常
无數億衆生　俱來請菩薩　一時到其舍　化令向佛道
經書禁呪術　工巧諸伎藝　盡現行此事　饒益諸群生
世間衆道法　悉於中出家　因以解人惑　而不墮耶見
或作日月天　梵王世界主　或時作地水　或復作風火
劫中有疾疫　現作諸藥草　若有服之者　除病消衆毒
劫中有飢饉　現身作飲食　先救彼飢渴　却以法語人
劫中有刀兵　為之起慈悲　化彼諸衆生　令住无諍地
若有大戰陣　立之以等力　菩薩現威勢　降伏使和安
一切國土中　諸有地獄處　輒往到于彼　勉濟諸苦惱
一切國土中　畜生相噉食　皆現生於彼　為之作利益
示受於五欲　亦復現行禪　令魔心憒亂　不能得其便

或為邑中主　或作商人導　國師及大臣　以祐利衆生
諸有貧窮者　現為无盡藏　因以勸導之　令發菩提心
我心憍慢者　為現大力士　消伏諸貢高　令住佛上道
其有恐懼者　居前而安慰　先施以无畏　後令發道心
或現離婬欲　為五通仙人　開道諸群生　令住戒忍慈
見須供事者　現為作僮僕　既悅可其意　乃發以道心
隨彼之所須　得入於佛道　以善方便力　皆能給足之
如是道无量　所行无有崖　智慧无邊際　度脫无數衆
假令一切佛　於无數億劫　讚歎其功德　猶尚不能盡
誰聞如是法　不發菩提心　除彼不肖人　癡冥无智者

入不二法門品第九

尒時維摩詰謂衆菩薩言諸仁者云何菩薩
入不二法門各隨所樂說之會中有菩薩名
法自在說言諸仁者生滅為二法本不生今

入不二法門各隨所樂說之會中有菩薩名
法自在說言諸仁者生滅為二法本不生今
則无滅得此无生法忍是為入不二法門
德首菩薩曰我我所為二因有我故便有我
所若无有我則无我所是為入不二法門
不瞬菩薩曰受不受為二若法不受則不可
得以不可得故无取无捨无作无行是為入
不二法門
德頂菩薩曰垢淨為二見垢實性則无淨相
順於滅相是為入不二法門
善宿菩薩曰是動是念為二不動則无念无
念則无分別通達此者是為入不二法門
善眼菩薩曰一相无相為二若知一相即是
无相亦不取无相入於平等是為入不二法
門

法門
弗沙菩薩曰善不善為二若不起善不善入
无相際而通達者是為入不二法門
師子菩薩曰罪福為二若達罪性則與福无
異以金剛慧決了此相无縛无解者是為入
不二法門
師子意菩薩曰有漏无漏為二若得諸法等
則不起漏不漏想不著於相亦不住无相是
為入不二法門
淨解菩薩曰有為无為為二若離一切數則
心如虛空以清淨慧无所礙者是為入不二法門
那羅延菩薩曰世間出世間為二世間性空
即是出世間於其中不入不出不溢不散是
為入不二法門

即是出世間於其中不入不出不溢不散是
為入不二法門
善意菩薩曰生死涅槃為二若見生死性則
无生死无縛无解不然不滅如是解者是為
入不二法門
現見菩薩曰盡不盡為二法若究竟盡若不
盡皆是无盡相无盡相即是空空則无有盡
不盡相如是入者是為入不二法門
普首菩薩曰我无我為二我尚不可得非我
何可得見我實性者不復起二是為入不二
法門
電天菩薩曰明无明為二无明實性即是明
明亦不可取離一切數於其中平等无二者
是為入不二法門
喜見菩薩曰色色空為二色即是空非色滅

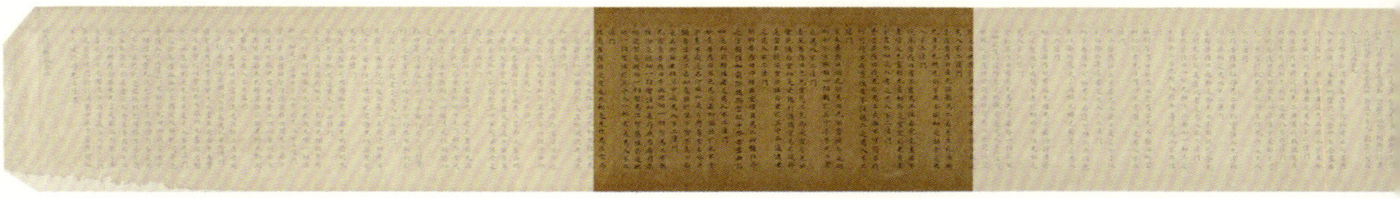

是為入不二法門

明相菩薩曰四種異空種異為二四種性即是空種性如前際後際空故中際亦空若能如是知諸種性者是為入不二法門

妙意菩薩曰眼色為二若知眼性於色不貪不恚不癡是名寂滅如是耳聲鼻香舌味身觸意法為二若知意性於法不貪不恚不癡是名寂滅安住其中是為入不二法門

无盡意菩薩曰布施迴向一切智為二布施性即是迴向一切智性如是持戒忍辱精進禪定智慧迴向一切智為二智慧性即是迴向一切智性於其中入一相者是為入不二法門

深慧菩薩曰是空是无相是无作為二空即

法門
深慧菩薩曰是空是无相是无作為二空即
是无相无相即是无作若空无相无作則无
心意識於一解脫門即是三解脫門者是為
入不二法門
寂根菩薩曰佛法衆為二佛即是法法即是
衆是三寶皆无為相與虛空等一切法亦尒
能隨此行者是為入不二法門
心无礙菩薩曰身身滅為二身即是身滅所
以者何見身實相者不起見身及見滅身身
與滅身无二无分別於其中不驚不懼者是
為入不二法門
上善菩薩曰身口意善為二是三業皆无作
相身无作相即口无作相口无作相即意无
作相是三業无作相即一切法无作相能如

性即是空空則无福行无罪行无不動行於
此三行而不起者是為入不二法門
華嚴菩薩曰從我起二為二見我實相者不
起二法若不住二法則无有識无所識者是
為入不二法門
德藏菩薩曰有所得相為二若无所得則无
取捨无取捨者是為入不二法門
月上菩薩曰闇與明為二无闇无明則无有
二所以者何如滅受想定无闇无明一切法
亦復如是於其中平等入者是為入不二法門
寶印手菩薩曰樂涅槃不樂世間為二若不
樂涅槃不猒世間則无有二所以者何若有
縛則有解若本无縛其誰求解无縛无解則
无樂猒是為入不二法門

BD00636　維摩詰所説經卷中

无樂猒是為入不二法門
珠頂王菩薩曰正道耶道為二住正道者則
不分別是耶是正離此二法是為入不二法門
樂實菩薩曰實不實為二實見者尚不見實
何況非實所以者何非肉眼所見慧眼乃能
見而此慧眼无見无不見是為入不二法門
如是諸菩薩各各說已問文殊師利何等是
菩薩入不二法門文殊師利曰如我意者於
一切法无言无說无示无識離諸問荅是為
入不二法門於是文殊師利問維摩詰言我
等各自說已仁者當說何等是菩薩入不二
法門時維摩詰默然无言文殊師利歎言善
哉善哉乃至无有文字語言是真入不二法門
說是不二法門時於此衆中五千菩薩皆入
不二法門得无生法忍

BD00636　維摩詰所説經卷中

BD00636v　維摩詰所説經卷中外題

BD00637 妙法蓮華經卷二

（後秦）鳩摩羅什 譯

976.9cm × 26.7cm

等待說所因成就阿耨多羅
藐三菩提者必以大乘而得度脫然我等
不解方便隨宜所說初聞佛法遇便信受思
惟取證世尊我從昔來終日竟夜每自剋責
而今從佛聞所未聞未曾有法斷諸疑悔身
意泰然快得安隱今日乃知真是佛子從佛
口生從法化生得佛法分尒時舍利弗欲重
宣此義而說偈言
我聞是法音　得所未曾有　心懷大歡喜　疑網皆已除
昔來蒙佛教　不失於大乘　佛音甚希有　能除衆生惱
我已得漏盡　聞亦除憂惱　我處於山谷　或在林樹下
若坐若經行　常思惟是事　嗚呼深自責　云何而自欺
我等亦佛子　同入无漏法　不能於未來　演說无上道
金色三十二　十力諸解脫　同共一法中　而不得此事

八十種妙好　十八不共法　如是等功德　而我皆已失
我獨經行時　見佛在大衆　名聞滿十方　廣饒益衆生
自惟失此利　我為自欺誑　我常於日夜　每思惟是事
欲以問世尊　為失為不失　我常見世尊　稱讚諸菩薩
以是於日夜　籌量如此事　今聞佛音聲　隨宜而說法
无漏難思議　令衆至道場　我本著邪見　為諸梵志師
世尊知我心　拔邪說涅槃　我悉除邪見　於空法得證
令時心自謂　得至於滅度　而今乃自覺　非是實滅度
若得作佛時　具三十二相　天人夜叉衆　龍神等恭敬
是時乃可謂　永盡滅无餘　佛於大衆中　說我當作佛
聞如是法音　疑悔悉已除　初聞佛所說　心中大驚疑
將非魔作佛　惱亂我心耶　佛以種種緣　譬喻巧言說
其心安如海　我聞疑網斷　佛說過去世　无量滅度佛
安住方便中　亦皆說是法　現在未來佛　其數无有量
亦以諸方便　演說如是法　如今者世尊　從生及出家

亦以諸方便　演說如是法　如今者世尊　從生及出家
得道轉法輪　亦以方便說　世尊說實道　波旬无此事
以是我定知　非是魔作佛　我墮疑網故　謂是魔所爲
聞佛柔軟音　深遠甚[illegible]　我心大歡喜
疑悔永已盡　安住實智中　我定當作佛　爲天人所敬
轉无上法輪　教化諸菩薩
尒時佛告舍利弗吾今於天人沙門婆羅門
等大衆中說我昔曾於二萬億佛所爲无上
道故常教化汝汝亦長夜隨我受學我以方
便引導汝故生我法中舍利弗我昔教汝志
願佛道汝今悉忘而便自謂已得滅度我今還
欲令汝憶念本願[illegible]聲聞說是
大乘經名妙法蓮華教菩薩法佛所護念舍
利弗汝於未來世過无量无邊不可思議劫
供養[illegible]

行之道當得作佛號曰華光如來應供正遍
知明行足善逝世間解无上士調御丈夫天
人師佛世尊國名離垢其土平正清淨嚴飾
安隱豐樂天人熾盛[illegible]八交道黃
金為繩以界其側其傍各有七寶行樹常有
華菓華光如來亦以三乘教化衆生舍利弗
彼佛出時雖非惡世以本願故說三乘法其
劫名大寶莊嚴何故名曰大寶莊嚴其國中
以菩薩為大寶故彼諸菩薩无量无邊不可
思議筭數譬喻所不能及非佛智力无能知
者若欲行時寶華承足此諸菩薩非初發意
皆久殖德本於无量[illegible]佛所淨脩梵
行恒為諸佛之所稱歎常脩佛慧具大神通
善知一切諸法之門質直无偽志念堅固如
是菩薩充滿其國舍利弗華光佛壽十二

善知一切諸法之門質直无偽志念堅固如
是菩薩充滿其國舍利弗華光佛壽十二
小劫除為王子未作佛時其國人民壽八小
劫華光如來過十二小劫授堅滿菩薩阿耨
多羅三藐三菩提記告諸比丘是堅滿菩薩
次當作佛号曰華足安行多陀阿伽度阿羅
訶三藐三佛陀其佛國土亦復如是舍利弗
是華光佛滅度之後正法住世三十二小劫像
法住世亦三十二小劫尒時世尊欲重宣此
義而說偈言
舍利弗來世　成佛普智尊　号曰名華光　當度无量衆
供養无數佛　具足菩薩行　十力等功德　證於无上道
過无量劫已　劫名大寶嚴　世界名離垢　清淨无瑕穢
以琉璃為地　金繩界其道　七寶雜色樹　常有華菓實
彼國諸菩薩　志念常堅固　神通波羅蜜　皆已悉具足
於无數佛所　善學菩薩道　如是等大士　華光佛所化

華光佛住世　壽十二小劫　其國人民衆　壽命八十劫
佛滅度之後　正法住於世　三十二小劫　廣度諸衆生
正法滅盡已　像法三十二　舍利廣流布　天人普供養
華光佛所為　其事皆如是　其兩足聖尊　最勝无倫匹
彼即是汝身　宜應自欣慶

尒時四部衆比丘比丘尼優婆塞優婆夷天
龍夜叉乾闥婆阿脩羅迦樓羅緊那羅摩睺
羅伽等大衆見舍利弗於佛前受阿耨多羅
三藐三菩提記心大歡喜踊躍无量各各脫
身所著上衣以供養佛釋提桓因梵天王等
與无數天子亦以天妙衣天曼陀羅華摩訶
曼陀羅華等供養於佛所散天衣住虛空中
而自迴轉諸天伎樂百千萬種於虛空中一
時俱作雨衆天華而作是言佛昔於波羅柰

時俱作雨衆天華而作是言佛昔於波羅柰
初轉法輪今乃復轉无上最大法輪尒時諸
天子欲重宣此義而說偈言
昔於波羅柰　轉四諦法輪　分別說諸法　五衆之生滅
今復轉最妙　无上大法輪　是法甚深奧　少有能信者
我等從昔來　數聞世尊說　未曾聞如是　深妙之上法
世尊說是法　我等皆隨喜　[illegible]利弗　今得受尊記
我等亦如是　必當得作佛　於一切世間　最尊无有上
佛道叵思議　方便隨宜說　我所有福業　今世若過世
及見佛功德　盡迴向佛道
尒時舍利弗白佛言世尊我今无復疑悔親
於佛前得受阿耨多羅三藐三菩提記是諸
千二百心自在者昔住學地佛常教化言我
法能離生老病死究竟[illegible]學无學人亦
[illegible]

於世尊前聞所未聞皆墮疑惑善哉世尊願
為四衆說其因緣令離疑悔尒時佛告舍利
弗我先不言諸佛世尊以種種因緣譬喻言
辭方便說法皆為阿耨多羅三藐三菩提耶
是諸所說皆為化菩薩故然舍利弗我今當
復以譬喻更明此義諸有智者以譬喻得解
舍利弗若國邑聚落有大長者其年衰邁財
富无量多有田宅及諸僮僕其家廣大唯有
一門多諸人衆一百二百乃至五百人止住其
中堂閣朽故墻壁頹落柱根腐敗梁棟傾危
周帀俱時欻然火起焚燒舍宅長者諸子若
十廿或至三十在此宅中長者見是大火從
四面起即大驚怖而作是念我雖能於此所
燒之門安隱得出而諸子等於火宅內樂著
嬉戲不覺不知不驚不怖火來逼身苦痛切

燒之門安隱得出而諸子等於火宅內樂著
戲戲不覺不知不驚不怖火來逼身苦痛切
己心不猒患无求出意舍利弗是長者作
是思惟我身手有力當以衣裓若以机案從
舍出之復更思惟是舍唯有一門而復狹小
諸子幼稚未有所識戀著戲處或當墮落
為火所燒我當為說怖畏之事此舍已燒宜
時疾出无令為火之所燒害作是念已如所思
惟具告諸子汝等速出父雖憐愍善言誘喻
而諸子等樂著嬉戲不肯信受不驚不畏了
无出心亦復不知何者是火何者為舍云何
為失但東西走戲視父而已尒時長者即作
是念此舍已為大火所燒我及諸子若不時
出必為所焚我今當設方便令諸子等得免

異之物情必樂著而告之言汝等所可玩好
希有難得汝若不取後必憂悔如此種種羊
車鹿車牛車今在門外可以遊戲汝等於此
火宅宜速出來隨汝所欲皆當與汝尒時諸
子聞父所說珎玩之物適其願故心各勇銳
互相推排競共馳走爭出火宅是時長者見
諸子等安隱得出皆於四衢道中露地而坐无
復鄣礙其心泰然歡喜踊躍時諸子等各白
父言父先所許玩好之具羊車鹿車牛車願
時賜與舍利弗尒時長者各賜諸子等一
大車其車高廣衆寶莊校周帀欄楯四面懸
鈴又於其上張設幰蓋亦以珎奇雜寶而嚴
飾之寶繩交絡垂諸華瓔重敷綩綖安置丹
枕駕以白牛膚色充潔形體姝好有大筋力
行步平正其疾如風又多僕從而侍衛之所

BD00637　妙法蓮華經卷二

枕駕以白牛膚色充潔形體姝好有大筋力
行步平正其疾如風又多僕從而侍衛之所
以者何是大長者財富无量種種諸藏悉皆
充溢而作是念我財物无極不應以下劣小
車與諸子等今此幼童皆是吾子愛无偏黨
我有如是七寶大車其數无量應當等心各
各與之不宜差別所以者何以我此物周給
一國猶尚不匱何況諸子是時諸子各乘大
車得未曾有非本所望舍利弗於汝意云何
是長者等與諸子珍寶大車寧有虛妄不舍
利弗言不也世尊是長者但令諸子得免火
難全其軀命非為虛妄何以故若全身命便
為已得玩好之具況復方便於彼火宅而拔
濟之世尊若是長者乃至不與最小一車猶

知財富无量欲饒益諸子等與大車佛告舍
利弗善哉善哉如汝所言舍利弗如來亦復
如是則為一切世間之父於諸怖畏衰惱憂
患无明闇蔽永盡无餘而悉成就无量知見
力无所畏有大神力及智慧力具足方便智
慧波羅蜜大慈大悲常无懈惓恒求善事
利益一切而生三界朽故火宅為度衆生生
老病死憂悲苦惱愚癡闇蔽三毒之火教化
令得阿耨多羅三藐三菩提見諸衆生為生
老病死憂悲苦惱之所燒煑亦以五欲財利
故受種種苦又以貪著追求故現受衆苦後
受地獄畜生餓鬼之苦若生天上及在人間
貧窮困苦愛別離苦怨憎會苦如是等種種

貧窮困苦愛别離苦怨憎會苦如是等種種
苦衆生没在其中歡喜遊戲不覺不知不驚
不怖亦不生猒不求解脱於此三界火宅東
西馳走雖遭大苦不以爲患舍利弗佛見此
已便作是念我爲衆生之父應拔其苦難與
无量无邊佛智慧樂令其遊戲舍利弗如來
復作是念若我但以神力及智慧力捨於方
便爲諸衆生讚如來知見力无所畏者衆生
不能以是得度所以者何是諸衆生未免生
老病死憂悲苦惱而爲三界火宅所燒何由
能解佛之智慧舍利弗如彼長者雖復身手
有力而不用之但以殷勤方便免濟諸子火
宅之難然後各與珍寶大車如來亦復如是
雖有力无所畏而不用之但以智慧方便於

汝等莫得樂住三界火宅勿
貪麁弊色聲香味觸也若貪著生愛則為
所燒汝速出三界當得三乘聲聞辟支佛佛
乘我今為汝保任此事終不虛也汝等但當
勤脩精進如來以是方便誘進衆生復作是
言汝等當知此三乘法皆是聖所稱歎自在无
繫无所依求乘是三乘以无漏根力覺道禪
定解脫三昧等而自娛樂便得无量安隱快
樂舍利弗若有衆生内有智性從佛世尊聞
法信受慇懃精進欲速出三界自求涅槃是
名聲聞乘如彼諸子為求羊車出於火宅若
有衆生從佛世尊聞法信受慇勤精進求自
然慧樂獨善寂深知諸法因緣是名辟支佛
乘如彼諸子為求鹿車出於火宅若有衆生
從佛世尊聞法信受勤脩精進求一切智佛

從佛世尊聞法信受勤脩精進求一切智佛
智自然智无師智如來知見力无所畏愍念
安樂无量衆生利益天人度脫一切是名大
乘菩薩求此乘故名為摩訶薩如彼諸子為
求牛車出於火宅舍利弗如彼長者見諸子
等安隱得出火宅到无畏處自惟財富无量
等以大車而賜諸子如來亦復如是為一切
衆生之父若見无量億千衆生以佛教門出
三界苦怖畏險道得涅槃樂如來尒時便作
是念我有无量无邊智慧力无畏等諸佛法
藏是諸衆生皆是我子等與大乘不令有人
獨得滅度皆以如來滅度而滅度之是諸衆
生脫三界者悉與諸佛禪定解脫等娛樂之
具皆是一相一種聖所稱歎能生淨妙第一

者无虛妄之咎如來亦復如是无有虛妄初
說三乘引導眾生然後但以大乘而度脫之
何以故如來有无量智慧力无所畏諸法之
藏能與一切眾生大乘之法但不盡能受舍
利弗以是因緣當知諸佛方便力故於一佛
乘分別說三佛欲重宣此義而說偈言
譬如長者　有一大宅　其宅久故　而復頓弊
堂舍高危　柱根摧朽　梁棟傾斜　基陛頹毀
牆壁圮坼　泥塗褫落　覆苫亂墜　椽梠差脫
周障屈曲　雜穢充遍　有五百人　止住其中
鵄梟鵰鷲　烏鵲鳩鴿　蚖蛇蝮蝎　蜈蚣蚰蜒
守宮百足　狖狸鼷鼠　諸惡虫輩　交橫馳走
屎尿臭處　不淨流溢　蜣蜋諸虫　而集其上
狐狼野干　咀嚼踐蹋　嚌齧死屍　骨肉狼藉

狐狼野干　咀嚼踐蹋　嚌齧死屍　骨肉狼藉
由是羣狗　競來搏撮　飢羸慞惶　處處求食
鬬諍𪓔掣　啀喍嘷吠　其舍恐怖　變狀如是
處處皆有　魑魅魍魎　夜叉惡鬼　食噉人肉
毒虫之屬　諸惡禽獸　孚乳產生　各自藏護
夜叉競來　爭取食之　食之既飽　惡心轉熾
鬬諍之聲　甚可怖畏　鳩槃荼鬼　蹲踞土埵
或時離地　一尺二尺　往返遊行　縱逸嬉戲
捉狗兩足　撲令失聲　以脚加頸　怖狗自樂
復有諸鬼　其身長大　裸形黑瘦　常住其中
發大惡聲　叫呼求食　復有諸鬼　其咽如針
復有諸鬼　首如牛頭　或食人肉　或復噉狗
頭髮蓬亂　殘害兇險　飢渴所逼　叫喚馳走
夜叉餓鬼　諸惡鳥獸　飢急四向　窺看窓牖
如是諸難　恐畏無量　是朽故宅　屬于一人

其人近出　未久之間　於後宅舍　忽然火起
四面一時　其焰俱熾　棟梁椽柱　爆聲震裂
摧折墮落　牆壁崩倒　諸鬼神等　揚聲大叫
鵰鷲諸鳥　鳩槃荼鬼　周章惶怖　不能自出
惡獸毒蟲　藏竄孔穴　毘舍闍鬼　亦住其中
薄福德故　為火所逼　共相殘害　飲血噉肉
野干之屬　並已前死　諸大惡獸　競來食噉
臭煙熢㶿　四面充塞　蜈蚣蚰蜒　毒蛇之類
為火所燒　爭走出穴　鳩槃荼鬼　隨取而食
又諸餓鬼　頭上火然　飢渴熱惱　周章悶走
其宅如是　甚可怖畏　毒害火災　眾難非一
是時宅主　在門外立　聞有人言　汝諸子等
先因遊戲　來入此宅　稚小無知　歡娛樂著
長者聞已　驚入火宅　方宜救濟　令無燒害
告喻諸子　說眾患難　惡鬼毒蟲　災火蔓莚

長者聞已 驚入火宅 方宜救濟 令无燒害
告喻諸子 說衆患難 惡鬼毒虫 灾火蔓莚
衆苦次第 相續不絕 毒蛇蚖蝮 及諸夜叉
鳩槃荼鬼 野干狐狗 鵰鷲鵄梟 百足之屬
飢渴惱急 甚可怖畏 此苦難處 況復大火
諸子无知 雖聞父誨 猶故樂著 嬉戲不已
是時長者 而作是念 諸子如此 益我愁惱
今此舍宅 无一可樂 而諸子等 耽湎嬉戲
不受我教 將爲火害 即便思惟 設諸方便
告諸子等 我有種種 珍玩之具 妙寶好車
羊車鹿車 大牛之車 今在門外 汝等出來
吾爲汝等 造作此車 隨意所樂 可以遊戲
諸子聞說 如此諸車 即時奔競 馳走而出
到於空地 離諸苦難 長者見子 得出火宅

此諸子等　生育甚難　愚小無知　而入險宅
多諸毒蟲　魑魅可畏　大火猛焰　四面俱起
而此諸子　貪樂嬉戲　我已救之　令得脫難
是故諸人　我今快樂　尒時諸子　知父安坐
皆詣父所　而白父言　願賜我等　三種寶車
如前所許　諸子出來　當以三車　隨汝所欲
今正是時　唯垂給與　長者大富　庫藏眾多
金銀琉璃　車渠馬瑙　以眾寶物　造諸大車
裝校嚴飾　周帀欄楯　四面懸鈴　金繩交給
真珠羅網　張施其上　金華諸瓔　處處垂下
眾綵雜飾　周帀圍繞　柔軟繒纊　以為茵蓐
上妙細氎　價直千億　鮮白淨潔　以覆其上
有大白牛　肥壯多力　形體姝好　以駕寶車
多諸儐從　而侍衛之　以是妙車　等賜諸子
諸子是時　歡喜踊躍　乘是寶車　遊於四方

多諸儐從　而侍衛之　以是妙車　等賜諸子
諸子是時　歡喜踊躍　乘是寶車　遊於四方
嬉戲快樂　自在无礙　告舍利弗　我亦如是
衆聖中尊　世間之父　一切衆生　皆是吾子
深著世樂　无有慧心　三界无安　猶如火宅
衆苦充滿　甚可怖畏　常有生老　病死憂患
如是等火　熾然不息　如來已離　三界火宅
寂然閑居　安處林野　今此三界　皆是我有
其中衆生　悉是吾子　而今此處　多諸患難
唯我一人　能為救護　雖復教詔　而不信受
於諸欲染　貪著深故　以是方便　為說三乘
令諸衆生　知三界苦　開示演說　出世間道
是諸子等　若心決定　具足三明　及六神通
有得緣覺　不退菩薩　汝舍利弗　我為衆生
以此譬喻　說一佛乘　汝等若能　信受是語

一切皆當　成得佛道　是乘微妙　清淨第一
於諸世間　為无有上　佛所悅可　一切眾生
所應稱讚　佛養礼拜　无量億千　諸力解脫
禪定智慧　及佛餘法　得如是乘　令諸子等
日夜劫數　常得遊戲　與諸菩薩　及聲聞眾
乘此寶車　直至道場　以是因緣　十方諦求
更无餘乘　除佛方便　告舍利弗　諸汝人等
皆是吾子　我則是父　汝等累劫　眾苦所燒
我皆濟拔　令出三界　我雖先說　汝等滅度
但盡生死　而實不滅　今所應作　唯佛智慧
若有菩薩　於是眾中　能一心聽　諸佛實法
諸佛世尊　雖以方便　所化眾生　皆是菩薩
若人小智　深著愛欲　為此等故　說於苦諦
眾生心喜　得未曾有　佛說苦諦　真實无異
若有眾生　不知苦本　深著苦因　不能暫捨

衆生心喜 得未曾有 佛說苦諦 真實无異
若有衆生 不知苦本 深著苦因 不能蹔捨
為是等故 方便說道 諸苦所因 貪欲為本
若滅貪欲 无所依止 滅盡諸苦 名第三諦
為滅諦故 脩行於道 離諸苦縛 名得解脫
是人於何 而得解脫 但離虛妄 名為解脫
其實未得 一切解脫 佛說是人 未實滅度
斯人未得 无上道故 我意不欲 令至滅度
我為法王 於法自在 安隱衆生 故現於世
汝舍利弗 我此法印 為欲利益 世間故說
所在遊方 勿妄宣傳 若有聞者 隨喜頂受
當知是人 阿惟越致 若有信受 此經法者
是人已曾 見過去佛 恭敬供養 亦聞是法
若人有能 信汝所說 則為見我 亦見於汝
及比丘僧 并諸菩薩 斯法華經 為深智說

淺識聞之　迷惑不解　一切聲聞　及辟支佛
於此經中　力所不及　汝舍利弗　尚於此經
以信得入　況餘聲聞　其餘聲聞　信佛語故
隨順此經　非己智分　又舍利弗　憍慢懈怠
計我見者　莫說此經　凡夫淺識　深著五欲
聞不能解　亦勿為說　若人不信　毀謗此經
則斷一切　世間佛種　或復顰蹙　而懷疑惑
汝當聽說　此人罪報　若佛在世　若滅度後
其有誹謗　如斯經典　見有讀誦　書持經者
輕賤憎嫉　而懷結恨　此人罪報　汝今復聽
其人命終　入阿鼻獄　具足一劫　劫盡更生
如是展轉　至无數劫　從地獄出　當墮畜生
若狗野干　其形頦瘦　黧黮疥癩　人所觸嬈
又復為人　之所惡賤　常困飢渴　骨肉枯竭
生受楚毒　死被瓦石　斷佛種故　受斯罪報

[illegible]

生受楚毒　死被瓦石　斷佛種故　受斯罪報

若作駱駝　或生驢中　身常負重　加諸杖捶

但念水草　餘无所知　謗斯經故　獲罪如是

有作野干　来入聚落　身體疥癩　又无一目

為諸童子　之所打擲　受諸苦痛　或時致死

於此死已　更受蟒身　其形長大　五百由旬

聾騃无足　宛轉腹行　為諸小虫　之所唼食

晝夜受苦　无有休息　謗斯經故　獲罪如是

若得為人　諸根闇鈍　矬陋攣躄　盲聾背傴

有所言說　人不信受　口氣常臭　鬼魅所著

貧窮下賤　為人所使　多病痟瘦　无所依怙

雖親附人　人不在意　若有所得　尋復忘失

若脩醫道　順方治病　更增他疾　或復致死

若自有病　无人救療　設服良藥　而復增劇

若他反逆　抄劫竊盜　如是等罪　橫羅其殃

如斯罪人　永不見佛　衆聖之王　說法教化
如斯罪人　常生難處　狂聾心亂　永不聞法
於无數劫　如恒河沙　生輒聾瘂　諸根不具
常處地獄　如遊園觀　在餘惡道　如己舍宅
駝驢猪狗　是其行處　謗斯經故　獲罪如是
若得為人　聾盲瘖瘂　貧窮諸衰　以自莊嚴
水腫乾痟　疥癩癰疽　如是等病　以為衣服
身常臭處　垢穢不淨　深著我見　增益瞋恚
婬欲熾盛　不擇禽獸　謗斯經故　獲罪如是
告舍利弗　謗斯經者　若說其罪　窮劫不盡
以是因緣　我故語汝　无智人中　莫說此經
若有利根　智慧明了　多聞強識　求佛道者
如是之人　乃可為說　若人曾見　億百千佛
殖諸善本　深心堅固　如是之人　乃可為說
若人精進　常脩慈心　不惜身命　乃可為說

若人精進 常脩慈心 不惜身命 乃可為說
若人恭敬 无有異心 離諸凡愚 獨處山澤
如是之人 乃可為說 又舍利弗 若見有人
捨惡知識 親近善友 如是之人 乃可為說
若見佛子 持戒清潔 如淨明珠 求大乘經
如是之人 乃可為說 若人无瞋 質直柔軟
常愍一切 恭敬諸佛 如是之人 乃可為說
復有佛子 於大眾中 以清淨心 種種因緣
譬喻言辭 說法无礙 如是之人 乃可為說
若有比丘 為一切智 四方求法 合掌頂受
但樂受持 大乘經典 乃至不受 餘經一偈
如是之人 乃可為說 如人至心 求佛舍利
如是求經 得已頂受 其人不復 志求餘經
亦未曾念 外道典籍 如是之人 乃可為說

如是人等　則能信解　汝當為說　妙法華經

妙法蓮華經信解品第四

尒時慧命須菩提摩訶迦栴延摩訶迦葉
摩訶目揵連從佛所聞未曾有法世尊授舍
利弗阿耨多羅三藐三菩提記發希有心歡
喜踊躍即從座起整衣服偏袒右肩右膝著
地一心合掌曲躬恭敬瞻仰尊顏而白佛言
我等居僧之首年並朽邁自謂已得涅槃无
所堪任不復進求阿耨多羅三藐三菩提世
尊往昔說法既久我時在座身體疲懈但念
空无相无作於菩薩法遊戲神通淨佛國土
成就衆生心不憙樂所以者何世尊令我等
出於三界得涅槃證又今我等年已朽邁於
佛教化菩薩阿耨多羅三藐三菩提不生一
念好樂之心我等今於佛前聞授聲聞阿耨

念好樂之心我等今於佛前聞授聲聞阿耨
多羅三藐三菩提記心甚歡喜得未曾有不
謂於今忽然得聞希有之法深自慶幸獲大
善利无量珍寶不求自得世尊我等今者樂
說譬喻以明斯義譬若有人年既幼稚捨
父逃逝久住他國或十二十至五十歲年既
長大加復窮困馳騁四方以求衣食漸漸遊
行遇向本國其父先來求子不得中止一城
其家大富財寶无量金銀瑠璃珊瑚虎珀頗
梨珠等其諸倉庫悉皆盈溢多有僮僕臣佐
吏民象馬車乘牛羊无數出入息利乃遍他
國商估賈客亦甚衆多時貧窮子遊諸聚落
經歷國邑遂到其父所止之城父每念子與子
離別五十餘年而未曾向人說如此事但自
思惟心懷悔恨自念老朽多有財物金銀珍

无所委付是以慇勤每憶其子復作是念我
若得子委付財物坦然快樂无復憂慮世尊
尒時窮子傭賃展轉遇到父舍住立門側遙
見其父踞師子床寶机承足諸婆羅門剎利
居士皆恭敬圍繞以真珠瓔珞價直千万莊
嚴其身吏民僮僕手執白拂侍立左右覆以
寶帳垂諸華幡香水灑地散衆名華羅列寶
物出內取與有如是等種種嚴飾威德特尊
窮子見父有大力勢即懷恐怖悔來至此竊
作是念此或是王或是王等非我傭力得物
之處不如往至貧里肆力有地衣食易得若
久住此或見逼迫強使我作作是念已疾走
而去時富長者於師子座見子便識心大歡
喜即作是念我財物庫藏今有所付我常思

喜即作是念我財物庫藏今有所付我常思
念此子无由見之而忽自来甚適我願我雖
年朽猶故貪惜即遣傍人急追將還尒時使
者疾走往捉窮子驚愕稱怨大喚我不相犯
何為見捉使者執之逾急強牽將還于時窮
子自念无罪而被囚執此必定死轉更惶怖
悶絶躃地父遥見之而語使言不須此人勿
強將来以冷水灑面令得醒悟莫復與語所
以者何父知其子志意下劣自知豪貴為子
所難審知是子而以方便不語他人云是我
子使者語之我今放汝隨意所趣窮子歡喜
得未曾有從地而起往至貧里以求衣食尒
時長者將欲誘引其子而設方便密遣二人

有作處倍與汝直窮子若許將來使作
欲何所作便可語之雇汝除糞我等二人亦共
汝作時二使人即求窮子既已得之具陳上
事尒時窮子先取其價尋與除糞其父見子
愍而怪之又以他日於窓牖中遥見子身羸
瘦憔悴糞土塵坌汙穢不淨即脫瓔珞細軟
上服嚴飾之具更著麁弊垢膩之衣塵土坌
身右手執持除糞之器狀有所畏語諸作人
汝等勤作勿得懈息以方便故得近其子又
復告言咄男子汝常此作勿復餘去當加汝
價諸有所須瓫器米麵塩酢之屬莫自疑難
亦有老弊使人須者相給好自安意我如汝
父勿復憂慮所以者何我年老大而汝少壯
汝常作時无有欺怠瞋恨怨言都不見汝有
此諸惡如餘作人自今已後如所生子即時
長者更與作字名之爲兒尒時窮子雖欣

此諸惡如餘作人自今已後如所生子即時
長者更與作字名之為兒尒時窮子雖欣此
遇猶故自謂客作賤人由是之故於二十年中常
令除糞過是已後心相體信入出无難然其
所止猶在本處世尊尒時長者有疾自知將
死不久語窮子言我今多有金銀珍寶倉庫
盈溢其中多少所應取與汝悉知之我心如
是當體此意所以者何今我與汝便為不異
宜加用心无令漏失尒時窮子即受教勑
領知衆物金銀珍寶及諸庫藏而无悕取一
飡之意然其所止故在本處下劣之心亦未
能捨復經少時父知子意漸已通泰成就大
志自鄙先心臨欲終時而命其子并會親
族國王大臣刹利居士皆悉已集即自宣言
諸君當知此是我子我之所生於某城中捨

吾逃走跉跰辛苦五十餘年其本字某我名
某甲昔在本城懷憂推覓忽於此間遇會
得之此實我子我實其父今我所有一切財
物皆是子有先所出內是子所知世尊是時
窮子聞父此言即大歡喜得未曾有而作是
念我本无心有所希求今此寶藏自然而至
世尊大富長者則是如來我等皆似佛子如
來常說我等為子世尊我等以三苦故於生
死中受諸熱惱迷惑无知樂著小法今日世尊
令我等思惟蠲除諸法戲論之糞我等於中
勤加精進得至涅槃一日之價既得此已心
大歡喜自以為足而便自謂於佛法中勤精
進故所得弘多然世尊先知我等心著弊欲
樂於小法便見縱捨不為分別汝等當有如
來知見寶藏之分世尊以方便力說如來智

来知見寶藏之分世尊以方便力說如来智
慧我等從佛得涅槃一日之價以為大得於
此大乘无有志求我等又因如来智慧為諸
菩薩開示演說而自於此无有志願所以者
何佛知我等心樂小法以方便力隨我等說
而我等不知真是佛子今我等方知世尊於
佛智慧无所悋惜所以者何我等昔来真是
佛子而但樂小法若我等有樂大之心佛則
為我說大乘法於此經中唯說一乘而昔於
菩薩前毀呰聲聞樂小法者然佛實以大乘
教化是故我等說本无心有所希求今法王
大寶自然而至如佛子等所應得者皆已得
之尒時摩訶迦葉欲重宣此義而說偈言

譬如童子　幼稚无識　捨父逃逝　遠到他土
周流諸國　五十餘年　其父憂念　四方推求
求之既疲　頓止一城　造立舍宅　五欲自娛
其家巨富　多諸金銀　車𤦲馬瑙　真珠瑠璃
象馬牛羊　輦輿車乘　田業僮僕　人民衆多
出入息利　乃遍他國　商估賈人　无處不有
千萬億衆　圍繞恭敬　常為王者　之所愛念
群臣豪族　皆共宗重　以諸緣故　往來者衆
豪富如是　有大力勢　而年朽邁　益憂念子
夙夜惟念　死時將至　癡子捨我　五十餘年
庫藏諸物　當如之何　尒時窮子　求索衣食
從邑至邑　從國至國　或有所得　或无所得
飢餓羸瘦　體生瘡癬　漸次經歷　到父住城
傭賃展轉　遂至父舍　尒時長者　於其門內

傭賃展轉　遂至父舍　尒時長者　於其門内
施大寶帳　處師子座　眷屬圍繞　諸人侍衛
或有計筭　金銀寶物　出内財產　注記券疏
窮子見父　豪貴尊嚴　謂是國王　若國王等
驚怖自怪　何故至此　覆自念言　我若久住
或見逼迫　強駈使作　思惟是已　馳走而去
借問貧里　欲往傭作　長者是時　在師子座
遥見其子　嘿而識之　即勑使者　追捉將來
窮子驚喚　迷悶躃地　是人執我　必當見煞
何用衣食　使我至此　長者知子　愚癡狹劣
不信我言　不信是父　即以方便　更遣餘人
眇目矬陋　无威德者　汝可語之　云當相雇
除諸糞穢　倍與汝價　窮子聞之　歡喜隨來
為除糞穢　淨諸房舍　長者於牖　常見其子
念子愚劣　樂為鄙事　於是長者　著弊垢衣

執除糞器　往到子所　方便附近　語令勤作
既益汝價　并塗足油　飲食充足　薦席厚暖
如是苦言　汝當勤作　又以軟語　若如我子
長者有智　漸令入出　經二十年　執作家事
示其金銀　真珠頗梨　諸物出入　皆使令知
猶處門外　止宿草庵　自念貧事　我无此物
父知子心　漸已廣大　欲與財物　即聚親族
國王大臣　剎利居士　於此大眾　說是我子
捨我他行　經五十歲　自見子來　已二十年
昔於某城　而失是子　周行求索　遂來至此
凡我所有　舍宅人民　悉以付之　恣其所用
子念昔貧　志意下劣　今於父所　大獲珍寶
并及舍宅　一切財物　甚大歡喜　得未曾有
佛亦如是　知我樂小　未曾說言　汝等作佛
而說我等　得諸无漏　成就小乘　聲聞弟子

而說我等　得諸无漏　成就小乘　聲聞弟子
佛勑我等　說最上道　脩習此者　當得成佛
我承佛教　為大菩薩　以諸因緣　種種譬喻
若干言辭　說无上道　諸佛子等　從我聞法
日夜思惟　精勤脩習　是時諸佛　即授其記
汝於來世　當得作佛　一切諸佛　秘藏之法
但為菩薩　演其實事　而不為我　說斯真要
如彼窮子　得近其父　雖知諸物　心不希取
我等雖說　佛法寶藏　自无志願　亦復如是
我等內滅　自謂為足　唯了此事　更无餘事
我等若聞　淨佛國土　教化衆生　都无欣樂
所以者何　一切諸法　皆悉空寂　无生无滅
无大无小　无漏无為　如是思惟　不生喜樂
我等長夜　於佛智慧　无貪无著　无復志願
而自於法　謂是究竟　我等長夜　脩習空法

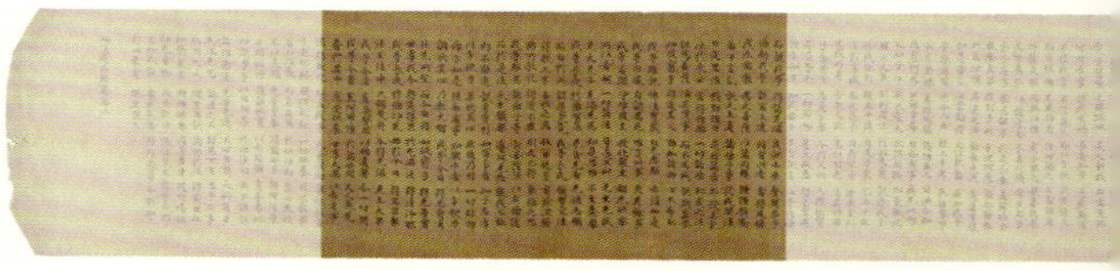

得脫三界　苦惱之患　住最後身　有餘涅槃
佛所教化　得道不虛　則為已得　報佛之恩
我等雖為　諸佛子等　說菩薩法　以求佛道
而於是法　永无願樂　導師見捨　觀我心故
初不勸進　說有實利　如富長者　知子志劣
以方便力　柔伏其心　然後乃付　一切財物
佛亦如是　現希有事　知樂小者　以方便力
調伏其心　乃教大智　我等今日　得未曾有
非先所望　而今自得　如彼窮子　得无量寶
世尊我今　得道得果　於无漏法　得清淨眼
我等長夜　持佛淨戒　始於今日　得其果報
法王法中　久脩梵行　今得无漏　无上大果
我等今者　真是聲聞　以佛道聲　令一切聞
我等今者　真阿羅漢　於諸世間　天人魔梵
普於其中　應受供養　世尊大恩　以希有事

善於其中　應受供養　世尊大恩　以希有事
憐愍教化　利益我等　无量億劫　誰能報者
手足供給　頭頂礼敬　一切供養　皆不能報
若以頂戴　兩肩荷負　於恒沙劫　盡心恭敬
又以美饍　无量寶衣　及諸臥具　種種湯藥
牛頭栴檀　及諸珍寶　以起塔廟　寶衣布地
如斯等事　以用供養　於恒沙劫　亦不能報
諸佛希有　无量无邊　不可思議　大神通力
无漏无為　諸法之王　能為下劣　忍于斯事
取相凡夫　隨宜為說　諸佛於法　得最自在
知諸衆生　種種欲樂　及其志力　隨所堪任
以无量喻　而為說法　隨諸衆生　宿世善根
又知成熟　未成熟者　種種籌量　分別知已
於一乘道　隨宜說三

BD00637　妙法蓮華經卷二

圖書在版編目（CIP）數據

中國國家圖書館藏敦煌文獻．第四三册／中國國家圖書館編．—北京：國家圖書館出版社，2024.12

ISBN 978-7-5013-7966-8

Ⅰ．①中… Ⅱ．①中… Ⅲ．①敦煌學—文獻 Ⅳ．①K870.6

中國國家版本館CIP數據核字（2024）第036580號

書　　名	中國國家圖書館藏敦煌文獻・第四三册
著　　者	中國國家圖書館　編
項目統籌	魏　崇　殷夢霞
責任編輯	程魯潔　潘　竹　黄　鑫　苗文葉
責任校對	王　哲
出版發行	國家圖書館出版社（北京市西城區文津街7號　100034） （原書目文獻出版社　北京圖書館出版社） 010-66114536　63802249　nlcpress@nlc.cn（郵購）
網　　址	http://www.nlcpress.com
排版印裝	天津裕同印刷有限公司
版次印次	2024年12月第1版　2024年12月第1次印刷
開　　本	787×1092　1/8
印　　張	38
書　　號	ISBN 978-7-5013-7966-8
定　　價	2800.00圓